NOTRE-DAME DE REIMS.

7

SAINT-DENIS. — TYPOGRAPHIE DE PREVOT ET DROUARD.

NOTRE-DAME DE REIMS,

NOTRE-DAME

DE REIMS

PAR

PROSPER TARBÉ

SECONDE ÉDITION

REVUE ET AUGMENTÉE PAR L'AUTEUR

Illustrée d'un Plan, de 6 Gravures sur acier et de 25 Gravures sur bois

REIMS

QUENTIN-DAILLY, LIBRAIRE-ÉDITEUR

RUE DES TAPISSIERS, 21

1852

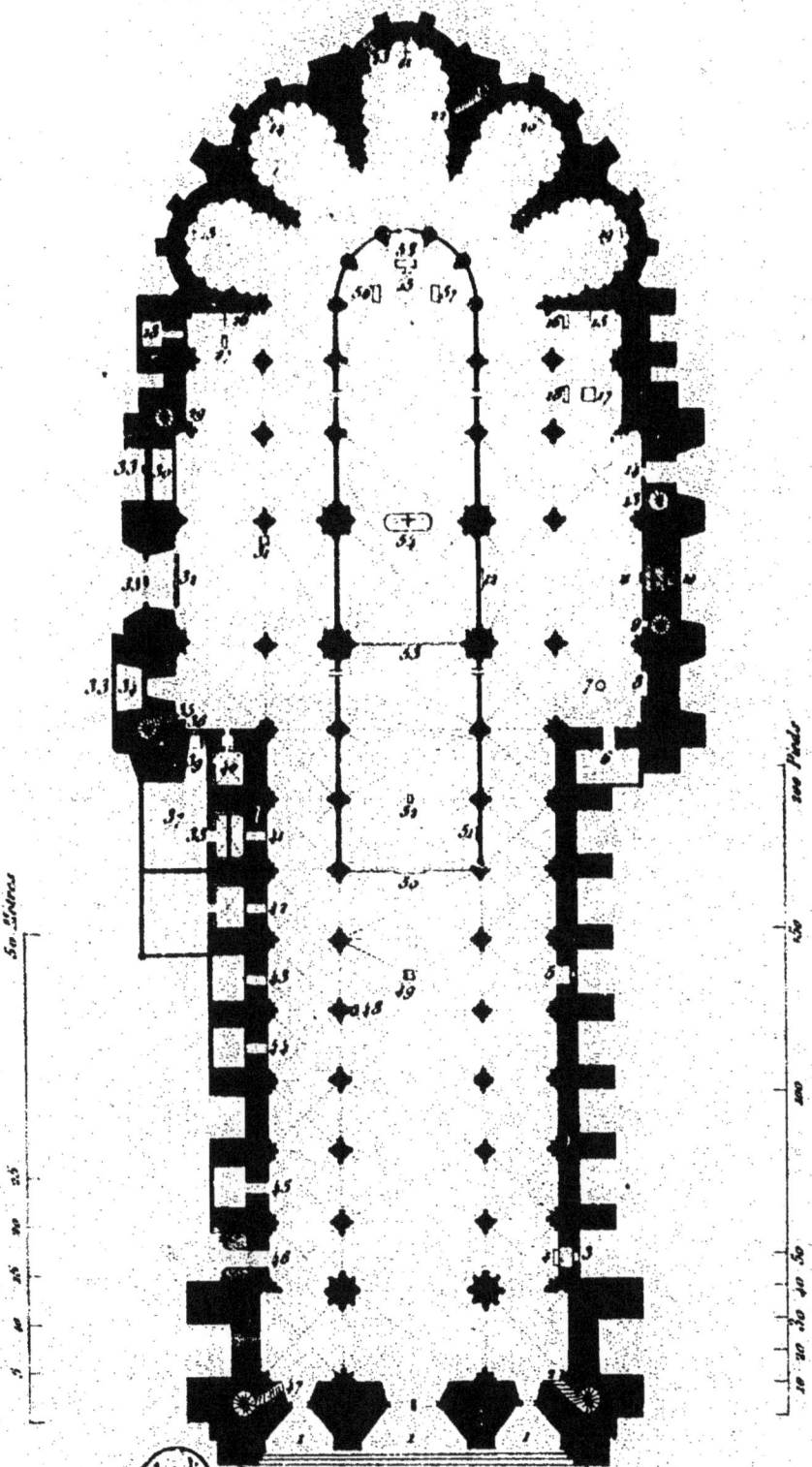

PLAN DE NOTRE-DAME
DE REIMS

Indications
DU
PLAN DE NOTRE-DAME
DE REIMS

Publié par Quentin-Dailly, Libraire à Reims.

CHAPITRE Iᵉʳ.

Notre-Dame de Reims. — Cathédrale des vᵉ et ıxᵉ siècles.

ANS le monde est-il un point où la cathédrale de Reims ne soit connue? Est-il un homme éclairé qui n'ait voulu saluer le noble édifice? Nos pères l'avaient appelé la grande église : il méritait ce nom. L'architecture moderne n'a rien produit qui puisse le lui faire perdre.

Maintes fois on l'a décrit : pinceaux et burins ont rivalisé pour le reproduire dans son ensemble, dans ses détails. Il est facile de l'étudier dans des livres, sur des gravures; mais pour le compren-

dre, il faut le visiter. A quiconque croit le posséder, son aspect
aura toujours des mystères à révéler ; à qui l'aura vu chaque
jour, sa splendeur saura sans fin imposer l'admiration ; qui
se trouve pour la première fois à ses pieds, restera silencieux
et profondément ému : c'est que la majesté de la grande église
ne réside pas seulement dans la hauteur de ses lignes, dans la
magnificence de son portail, dans la hardiesse de ses arcades :
c'est que cette forêt de pierres, ces dalles aujourd'hui muettes,
ces voûtes audacieuses ont une histoire, une âme, une vie : c'est
qu'il est impossible à l'esprit de se soustraire aux plus touchants
souvenirs de notre nationalité. De tous côtés ils assiégent le spectateur, le saisissent, le soumettent à leur magie. Autour de lui,
pas un marbre, pas un mur qui n'ait son nom à dire, sa légende
à raconter. Dans cette immense basilique, pas un écho qui ne
crie : France et patrie !

De cet édifice, tant de fois dépeint, nous allons essayer
d'esquisser l'histoire, de donner la description. Si nous échouons
dans cette sérieuse tâche, d'autres, après nous, la reprendront et
s'en acquitteront mieux.

Reims était la capitale d'un grand peuple quand César envahit
la Gaule. Déjà païenne, elle accueillit sans étonnement les dieux
du Capitole, et dans son enceinte les divinités celtiques et romaines eurent des temples.

Au centre de la ville gallo-romaine s'élevait la citadelle. Dans
toutes nos vieilles cités on retrouve l'usage des fortifications inté-
rieures. Là le pouvoir exécutif bravait l'émeute ; là se réfugiait
la population quand l'ennemi parvenait à franchir les remparts.

Reims avait donc sa citadelle : la tradition y place un temple de Vénus, de Cybèle, ou de Jupiter; elle devait contenir aussi un palais, peut-être le sénat, le prétoire ou le tribunal; l'ensemble de l'édifice recevait le nom de Capitole.

On peut avoir une idée de nos anciennes villes en visitant la commune de Bazoches, située entre Fismes et Braisne. Au milieu du village s'asseoit aujourd'hui une ferme : c'était l'antique château seigneurial du pays. Il était flanqué de six ou sept tours encore debout : on lui a conservé le nom de citadelle. De larges fossés l'environnent : au-delà est une première enceinte de murs assez forts et de bastions sans hauteur. Plus loin, dans l'intérieur de la commune, on voit les traces de deux autres enceintes jadis continues. Leurs tours et leurs portes ont laissé des vestiges faciles à reconnaître. On y remarque la disposition symétrique des pierres, et par suite le style des constructions gallo-romaines. Ces ruines ont de l'importance. La tradition fait de Bazoches une ancienne ville gauloise; elle y met la résidence du roi Induciomare. Les Romains y avaient garnison. Là fut, dit-on, le palais d'un proconsul. Les champs qui touchent la commune contiennent des ruines qu'il serait intéressant d'explorer. Quiconque veut avoir une idée de ce qu'était Reims dans les premiers siècles de l'ère chrétienne, doit visiter cette curieuse bourgade.

On fixe généralement au commencement du v⁵ siècle l'époque où saint Nicaise porta la statue de la Vierge sur l'autel des divinités païennes, au centre de la citadelle gallo-romaine. Deux autres cathédrales avaient précédé celle qu'il fonda dans le iiie siècle de l'ère chrétienne. On avait construit sous l'invocation de saint Sixte, premier évêque de Reims, une chapelle élevée sur ses restes et sur ceux de ses trois successeurs immédiats, Sinice, Armand et Bétause. Cette simple basilique, depuis réédifiée, et détruite en 1726, a laissé son nom à l'une des rues qui sillonnent le quartier Saint-Nicaise. Cent ans après sa création, elle avait cessé d'être siége épiscopal. En 314, l'évêque Bétause avait bâti sur les ruines d'un temple de Bacchus une église dédiée aux apôtres ; il y transféra le siége métropolitain, et cinq évêques après lui y célébrèrent les saints offices. Située dans la rue de Saint-Symphorien, cette église, reconstruite aux XIIᵉ et XIIIᵉ siècles, périt en 1793. Cette seconde basilique fut sans doute bientôt insuffisante : saint Nicaise dut l'abandonner pour un édifice plus en harmonie avec l'importance conquise par le christianisme dans la Gaule Belgique. Fit-il élever au milieu des antiques fortifications une église chrétienne? Épargna-t-il le temple païen pour le consacrer au nouveau culte ? c'est ce que nous ignorons. La fondation de la cathédrale eut lieu vers 401. Saint Nicaise, parvenu au siége épiscopal à peu près en 400, mort en 407, a-t-il eu le temps et l'argent nécessaires pour créer en sept ans un vaste édifice? cela ne nous paraît pas probable; il dut utiliser en grande partie les constructions primitives. Ce qui semble plus certain, c'est que la citadelle fut conservée et qu'elle protégea les murs de la sainte basilique.

C'est dans ses murs que se réfugia la population rémoise lorsqu'en 407 les Vandales mirent la ville à feu et à sang; c'est là que saint Nicaise, sa sœur Eutrope, ses diacres Florent et Joconde furent massacrés en cherchant à défendre la cité contre la fureur des Barbares. C'est là que le digne évêque, revêtu de ses habits pontificaux, la crosse en main, à la tête de son clergé, implorant le Seigneur, s'avança jusqu'à la porte de son temple. C'est là que vieillards, femmes et enfants en larmes, agenouillés, attendant la mort, virent leur dernier défenseur lâchement égorgé par des barbares ivres de débauche et de carnage. La tradition indiquait autrefois par un petit monument dont nous parlerons la place où furent immolés les saints martyrs. Une belle église s'élevait

jadis dans le haut de notre cité : elle rappelait à tous le nom du
saint et celui de sa généreuse sœur. Des châsses précieuses ren-
fermaient leurs reliques ; un tombeau de marbre conservait leur
mémoire. De tous ces monuments élevés par la reconnaissance de
nos pères il ne reste plus rien.

Les nations, les cités qui veulent être bien servies ne doivent
pas oublier les services rendus, quelle que soit leur date. Honneur à l'homme qui meurt pour son pays ! honneur au chef qui
succombe en défendant les siens ! A lui la gloire et ses insignes ;
pour lui le bronze et ses statues, le marbre et ses bas-reliefs.
Les ossements de saint Nicaise sont en partie anéantis : qu'importe ? Le vent a dispersé ses cendres : qu'importe ? son nom vit
et sa gloire est debout. A saint Nicaise, mort pour Reims, il
faudra tôt ou tard dans Reims un monument.

A notre vieux temple se rattache un de ces grands souvenirs
qui bravent les révolutions, traversent les âges et survivent aux
édifices, leurs périssables témoins. La première église de Notre-
Dame de Reims vit un vainqueur sauvage, le chef d'une nation
barbare et brutale, l'époux de sa douce Clotilde, Clovis, roi des
Francs, abaisser sa tête à la longue chevelure aux pieds du Dieu
qui fit tous les hommes libres et égaux devant lui. En 496 eut
lieu le baptême du fier Sicambre ; en 496, au milieu de la citadelle romaine, sur les ruines du temple païen, la civilisation et
le christianisme montèrent sur le trône de France. Là fut le berceau de notre vieille monarchie ; là triomphèrent le spiritualisme,
la charité, les lumières ; là furent vaincues la force matérielle,
l'égoïste philosophie, l'ignorance superstitieuse. Salut et gloire
au premier autel de Notre-Dame de Reims !

A cette époque, on ne baptisait que dans la cathédrale : seule-

ment deux ou trois siècles après, les curés obtinrent la permission
de donner le premier des sacrements institués par le christianisme. Ce point est d'une grande importance; il répond aux traditions erronées qui veulent placer dans d'autres basiliques
rémoises la grande cérémonie dont nous parlons. On ne pouvait
baptiser le roi que dans la grande église : c'est là que se trouvait la cuve où descendaient les néophytes, la fontaine sacrée qui donna son onde limpide et pure à la main de saint
Remi.

La sacristie de la première cathédrale était célèbre par un
miracle : le roi Sigebert y avait recouvré l'ouïe pendant qu'il
causait devant quelques reliques du bienheureux saint Martin de
Tours.

Saint Nicaise avait ménagé sous le grand autel du chœur une
crypte ou oratoire souterrain. Il s'y retirait pour prier. Saint
Remi suivit son exemple et affectionna cette retraite : c'est là
qu'un ange du ciel vint lui annoncer qu'il pouvait pardonner à
l'évêque Genebaud et le rétablir sur le siège de Laon.

Cette crypte fut conservée sous la deuxième église ; l'archevêque Hervé la fit réparer et mit son autel sous l'invocation de
saint Remi.

Dans l'église bâtie par saint Nicaise fut sacré Louis le Débonnaire. Les glorieux souvenirs ne lui manquaient donc pas.

Sous la première race, elle était l'objet de la vénération des
rois et des peuples. Sous les carlovingiens, on n'avait plus, pour
tout ce qui se rattachait à la famille de Clovis, le même respect
que par le passé : notre cathédrale finit par menacer ruine.

Lorsqu'en 816 Ebon parvint au siége de Reims, il conçut le projet de reconstruire le vieux temple. La faveur royale et ses bienfaits lui étaient alors assurés; il disposait des revenus de l'église, déjà considérables. La charité des fidèles ne devait pas faire défaut à leur chef. Il se mit à l'œuvre. Louis le Débonnaire lui permit, en 818, de prendre dans les rues et places voisines le terrain dont il aurait besoin pour élever le nouvel édifice. Il fut donc plus vaste que le premier. L'empereur autorisa de plus Ebon à employer à sa construction les matériaux des anciens remparts. Les Rémois et les Romains, leurs alliés, les avaient élevés à grands frais en pierres de taille de grande dimension. On puisa dans ces riches carrières tout ce dont on avait besoin. Les habitants consentirent à cette démolition, qui ne fut d'ailleurs que partielle, et se placèrent sous la protection du ciel, *sub custodiâ cœli*. Ces mots furent depuis traduits par la vieille devise rémoise : Dieu en soit garde.

La munificence royale fit aussi l'abandon des droits du fisc sur les terrains ainsi concédés, des redevances dues par l'église de Reims au palais impérial d'Aix-la-Chapelle.

Ce fut en 827 ou 829 que les travaux commencèrent activement. Rumalde ou Romualde, architecte du roi, les dirigeait. Il était serf de Louis le Débonnaire; celui-ci le donna à Ebon pour le servir toute sa vie et lui consacrer les talents qu'il avait reçus du ciel. Sous ses ordres s'enrôlèrent de nombreux ouvriers. Des artistes habiles avaient été appelés de toutes les contrées. Ebon veillait à ce que rien ne manquât à ceux qu'il avait fait venir. Les vivres qui leur étaient nécessaires étaient réunis et distribués par ses ordres. Il leur assignait des logements. Rien n'interrompait le travail. Lorsque Ebon fut déposé, en 835, il fut contraint de laisser à d'autres une entreprise dont il avait conçu le plan ; mais il s'occupait sans cesse, dans l'exil, des constructions qu'il ne pouvait plus surveiller. De retour en 841, il bénit tout ce qui avait été fait en son absence ; chassé de nouveau de son siége, il ne put mettre la dernière main à son œuvre. Hincmar, son successeur, fit la dédicace de la nouvelle basilique, en présence des évêques de la province, de Charles le Chauve et de toute sa cour.

Il fallut près de quarante ans pour élever les grosses constructions de la seconde église. Après cent cinquante années de travaux, elle n'était pas achevée dans ses détails, et en 962 le sculpteur y travaillait encore. Malheureusement cet antique édifice n'a pas été décrit par ses contemporains ; et, comme nous allons le voir, il ne fut pas de longue durée.

Il existe deux dessins qui ont tous deux la prétention de représenter la cathédrale du temps de saint Nicaise ; les anachronismes matériels qu'on y remarque, ne permettent pas d'ajouter foi complète même à leurs détails vraisemblables. Ainsi les fleurs-de-lys sont placées au sommet des clochetons ; ainsi cette basilique aurait eu des verrières de forme ogivale. Cependant, tous les souvenirs n'étaient peut-être pas encore éteints, quand on tenta de reproduire ce qui n'était plus ; il ne faut donc pas dédaigner absolument ces deux reproductions ; nous allons en donner une idée.

Le lecteur est prévenu ; il n'accueillera donc qu'avec défiance des descriptions dont l'exactitude est suspecte. L'une d'elles nous est fournie par une des sculptures qui ornent la façade de la cathédrale actuelle. Le temple, si nous croyons ce bas-relief, se composait d'une nef principale et de deux basses-nefs. Le portail était placé entre deux tours rondes et terminées par des toits coniques. Au-dessus de la porte d'entrée, qui était étroite et haute, s'élevaient trois verrières de forme longue. Le chœur se trouvait à l'extrémité de l'édifice, dans une rotonde dont la toiture était distincte de celle de l'église. Il était éclairé par un cercle de fenêtres ; chacune d'elles était séparée en deux par une colonne. Des créneaux couronnant l'édifice étaient percés d'embrasures et de meurtrières; une crête ornée de globes régnait sur le sommet du toit. Le monument devait être peu considérable; puisque le dessin ne représente qu'une verrière dans la basse-nef, et deux fenêtres dans le haut de la grande nef. Tous ces détails, il faut en convenir, peuvent s'appliquer aussi bien à la seconde église qu'à la première. Les créneaux même qui semblent rappeler l'ancienne citadelle, se retrouvent dans les temples bâtis sous les deux premières races, et même plus tard.

Bidet, ce sceptique historien de Reims, qui vivait dans le siècle dernier, nous a conservé dans ses manuscrits le second dessin de la cathédrale bâtie par saint Nicaise; il diffère gravement de celui que nous venons de décrire : le portail se compose d'une porte à sommet triangulaire, de deux verrières à plein-cintre et d'une rose à quatre feuilles. Les deux tours, surmontées par des croix, sont éclairées, dans leur sommet seulement, par de petites ouvertures longues, étroites, et faisant cercle. A l'extrémité du toit est un clocher aigu ; deux verrières sont ouvertes à la base. Quatre fenêtres sont indiquées dans la haute-nef. La basse-nef n'en a que deux. Une porte analogue à celle de la façade s'y montre. Au bout de l'église est une rotonde sans toit apparent, terminée par une plate-forme hérissée de créneaux et percée par des baies à plein-cintre.

Le dessin qu'on nous donne pour celui de la deuxième cathédrale, est plus riche de détails; il s'est conservé sur l'un des sceaux du Chapitre, et reproduit plusieurs points qui ne sont pas sans rapport avec les vues que nous venons d'esquisser. Ainsi, le portail se dresse entre deux tours rondes; ainsi le chœur est encore situé dans un bâtiment séparé de la nef, plus bas qu'elle. Mais cette fois l'église n'a plus de bas-côtés; une porte latérale est ouverte à gauche, en entrant du côté où devait se trouver le cloître du Chapitre. Les créneaux ont disparu. Le portail, à plein cintre, est couronné d'un fronton triangulaire, au sommet duquel s'élève la statue de la Vierge; une rosace est percée au milieu du fronton. Au-dessus règne une galerie d'arcades à colonnes légères. Plus haut est ouverte une verrière ronde dans laquelle se dessine une rose à quatre feuilles. Le sommet de la façade est triangulaire; un clocheton s'élance à son sommet; les deux lignes qui vont y aboutir sont sculptées et présentent une dentelure saillante. Les deux tours, qui, dans le premier dessin, avaient des fenêtres, les unes carrées, les autres longues et à plein cintre, n'ont plus de jour; elles sont semblables à des colonnes. Des statuettes en prière, les mains jointes, en décorent le sommet; elles reposent sur une sorte de bourrelet, et ne sont pas sans rapport avec celles du clocher actuellement connu sous le nom de clocher à l'ange. Au-dessus d'elles se retrouve un ornement du même genre. Les tours sont terminées par un toit pointu, conique, très-élevé, orné de sculptures. A l'extrémité est posée la croix. Elle est assise sur un globe; de petites boules terminent ses bras.

Le toit de l'église est orné, au sommet et à la ligne inférieure, d'un feston dentelé. De petits globes se placent sur la pointe des dents.

A cheval sur ce toit, s'élève une flèche qui rappelle encore le clocher à l'ange : cependant l'ange n'y est pas, mais une croix le remplace. À sa base sont encore des figures les mains jointes [1].

La rotonde du chœur est entourée par une suite de verrières séparées par des colonnes de pierre. A l'extrémité du monument s'élève encore un clocher qui porte une fleur-de-lys; on en remarque une autre à l'extrémité du toit de la nef principale; une troisième est posée sur le toit triangulaire qui abrite la porte ouverte du côté du Chapitre. La nef est éclairée par sept grandes verrières dont le sommet a la forme d'un trèfle évasé. Entre chacune d'elles est une statue posée sur une colonne.

Il est probable que l'artiste aura joint ses propres inspirations à quelques réminiscences. Nous donnons ces trois succinctes descriptions pour servir à ceux qui, plus heureux que nous, arriveront à pouvoir préciser ce que nous laissons forcément dans le vague.

Nous trouvons dans Flodoard et dans Marlot, sur la seconde cathédrale, quelques détails plus dignes de confiance. L'intérieur de l'église d'Ebon était orné de riches sculptures; l'or y brillait de toutes parts. Aux jours de fête, des tapisseries précieuses recouvraient ses murs, et des reliquaires, des vases sacrés, chefs-d'œuvre de l'art, ornaient les autels. Des peintures à fresque enrichissaient les voûtes; d'ingénieuses mosaïques formaient le pavé de l'église; des figures d'anges, de saints et de martyrs s'y faisaient remarquer. Les carreaux de marbre de diverses couleurs tapissaient le sol de la basilique; des verrières étincelantes éclairaient l'édifice; une toiture de plomb l'abritait. Des statues nom-

[1] Nous signalons ces points à l'attention du lecteur; nous y reviendrons plus tard.

breuses décoraient le dedans et le dehors de l'édifice. Hincmar,
auteur d'un ouvrage écrit sur la manière d'honorer les images
du Seigneur et des Saints, ne les avait pas ménagées.

Dessous l'église était creusée une chapelle souterraine ; c'était
encore la crypte de Saint-Nicaise et de Saint-Remi. On y célébrait l'office divin sur un autel renfermant de vénérables reliques ; il était placé sous l'invocation de saint Pierre et de tous
les Saints. Au milieu du chœur de l'église supérieure s'élevait
un autel dédié à la Sainte-Trinité. Vers le fond de l'abside se
trouvait le siége de saint Rigobert, cette stalle de pierre où nos
archevêques allaient s'asseoir, en cérémonie, lors de leur récep-
tion. On lui donnait même une antiquité plus reculée encore :
on prétendait que saint Remi l'avait occupé.

Le peuple admirait dans cette église l'horloge et les orgues
qu'avait faites ou fait faire le savant Gerbert, archevêque de Reims,
depuis souverain pontife.

En 970, sous le pontificat d'Adalbéron, on démolit une chapelle qui devait se trouver à l'entrée de l'église, à peu près sur le
point où s'élève la fontaine située entre la cathédrale et l'archevêché. Elle était placée sous le titre de Saint-Sauveur. Ses ornements étaient notables : dans sa crypte jaillissait une source
d'eau limpide.

En 1165, était à Notre-Dame un autel Sainte-Croix, devant
lequel pendait une couronne d'argent massif.

Au portail de l'église était sculpté le sacre de Louis le Débonnaire et d'Hermengarde son épouse. On y voyait le pape Etienne IV,
qui avait lui-même béni le fils de Charlemagne le 28 janvier 814.

Ebon avait composé et fait tracer au-dessous de ce bas-relief l'inscription suivante :

Ludovicus Cæsar factus, coronante Stephano
Hâc in sede papâ magno. Tunc et Ebo pontifex
Fondamenta renovavit cuncta loci istius :
Urbis jura sibi subdens, præsul auxit omnia.

Dans l'édifice, l'épitaphe de la mère d'Ebon et la sépulture de quelques archevêques postérieurs à saint Nicaise et antérieurs au XIII° siècle attirait l'attention du voyageur.

Les dehors du temple étaient protégés par de sévères ordonnances. Il était défendu d'y déposer des ordures, et le ciel punit sévèrement un malheureux qui n'avait pas respecté le règlement de police. Le miracle que racontait à cet égard la tradition, faisait sans doute plus d'impression du temps de nos pères que la crainte d'une amende ou d'un jour de prison.

Sous les voûtes de l'église romane furent sacrés les derniers carlovingiens, Charles le Simple, Lothaire, Louis d'Outremer, après eux le chef de la troisième race Hugues Capet, son petit-fils le belliqueux Henri, l'inconstant Philippe Ier, Louis VII dit le Jeune, Philippe-Auguste, le héros des croisades, le rival de Richard Cœur-de-Lion.

Dans la même église se tint le concile de 1119. Calixte II, Louis le Gros s'y trouvèrent. Ils s'assirent à côté l'un de l'autre, sous le crucifix qui décorait l'entrée du chœur. Les archevêques, évêques et abbés étaient rangés des deux côtés de la nef. Les investitures, les simoniaques, les usurpations faites sur les biens de l'Église, les désordres du clergé, les querelles de la France et de l'Angleterre occupèrent la grave assemblée.

En 1131, Notre-Dame de Reims voyait encore dans son sein le concile tenu contre l'antipape Pierre de Léon. Saint Bernard, saint Norbert y assistèrent : ils y firent reconnaître les ordres qu'ils avaient fondés. Innocent II présidait.

En 1148, Eugène III convoqua dans notre vieille église un nouveau concile. Onze cents prélats s'y réunirent. On y combattit l'hérésie de Guillaume de la Porée et les abus des institutions religieuses.

L'église d'Hincmar, comme celle de Saint-Nicaise, avait donc ses grands souvenirs. Mais elle n'était pas arrivée jusqu'au XIII° siècle telle qu'on l'avait construite. Anquetil, d'après la chronique de Wansonn, raconte ce qui suit : Le trop fameux Herbert, comte de Vermandois, avait un frère nommé Eilbert. Celui-ci, vers 927, avait acheté un cheval à un chanoine de Reims : en attendant qu'il pût en payer le prix, il avait remis en gage au vendeur un précieux collier. Plus tard le noble acheteur apporta la somme due, et réclama ses joyaux. Le chanoine protesta qu'il n'avait rien reçu. Le clergé, le peuple prennent fait et cause pour lui : Eilbert est forcé de se retirer. Mais il rassemble ses parents, ses vassaux, rentre dans Reims l'épée à la main, et livre la ville au pillage. Le chanoine se réfugie dans la cathédrale. On le cherche en vain. Eilbert veut l'avoir mort ou vif. Il fait mettre le feu à l'édifice : une partie de la ville fut brûlée en cette circonstance. Cette anecdote n'est rien moins qu'authentique. Ce que nous admettons sans peine, ce sont les excès des comtes de Vermandois et la nécessité de les justifier, où s'est trouvé sans doute le chroniqueur cité par Anquetil. A cette époque la ville de Reims tenait encore pour les successeurs de Charlemagne. Elle luttait avec eux contre les grands vassaux qui reconnaissaient par des usurpations les bienfaits de la monarchie carlovingienne. Reims fut donc pillée et incendiée. La cathédrale fut elle-même en tout ou partie la proie des flammes. Il est un fait qui vient à cet égard justifier de la légende ; c'est que plus tard on voit le comte Eilbert faire de riches fondations pour expier ses violences.

Depuis encore, en 989, Charles de Lorraine, le dernier descendant de Charlemagne, prit Reims d'assaut et saccagea le temple des sacres. Toutes ces dévastations durent être réparées avant la chute définitive de l'église.

La cathédrale actuelle présente encore de nos jours un fragment d'architecture des plus curieux, qui se rattache sans doute à l'édifice dont nous parlons. Près de la grande sacristie est une autre salle plus petite, et qui, comme elle, a sa porte dans l'église. La boiserie ciselée qui la décore fait pendant à l'ancienne porte du Trésor. Pénétrez dans cette pièce ; allez au fond, retournez-vous et vous apercevrez ce qui reste d'un petit portail qui jadis servait de voie de communication entre l'église et le Chapitre. Les sculptures qui la décorent ont un caractère particulier : il frappe les personnes les plus étrangères à l'étude des monuments du moyen-âge. Elles n'ont rien de commun avec celles qui font la gloire de la grande église.

Commençons par les décrire : Le portail est encadré dans une arcade ogivale élancée et sans profondeur. La sommité de l'ogive présente une peinture à fresque : on y voit le Christ assis ; il tient un sceptre. De chaque côté se trouve un ange à genoux et portant un flambeau. Ce sujet a pour base une frise sculptée, et parallèle au sol. Dessous cette frise commence une arcade à plein cintre : elle a peu de saillie.

Les ornements qui la distinguent sont sculptés sur une surface plate. Sa ligne la plus éloignée du centre est dessinée par une guirlande de fleurs semblables à la partie supérieure du lys héraldique. Viennent ensuite des anges aux ailes déployées ; il y en a quatre de chaque côté. Au sommet de cette décoration curviligne, deux anges à genoux portent une figure nue, les mains jointes sur une nappe. D'une main chacun d'eux lui montre le ciel : c'est sans doute l'âme d'un bienheureux.

Le dessous de l'arcade est plat. Sur cette surface sont sculptés des rinceaux, qui viennent aboutir de chaque côté sur une frise d'ornement semblable à la guirlande dont nous avons parlé, et parallèle au sol.

L'arcade ogivale est supportée par des colonnes aux chapiteaux corinthiens ; au-dessus de ces chapiteaux se prolonge la frise fleurie.

Les piliers qui ont dû supporter l'arcade à plein-cintre n'existent plus ; leurs chapiteaux seuls ont survécu : ils sont à deux faces droites. Sur celles qui sont extérieures sont représentés des rinceaux dans lesquels s'entrelacent des figurines d'hommes, d'oiseaux et de quadrupèdes ; dans la face intérieure sont creusées des niches où sont des statuettes d'un grand fini. Leurs draperies sont remarquables.

Au centre du plein-cintre est la Vierge assise, couronnée, tenant l'enfant Jésus sur ses genoux ; il porte une robe à manches ; la Vierge est vêtue d'un costume religieux, d'un voile passant sur la tête, sous le menton et cachant le cou. Les deux figurines sont entourées du limbe aux célestes rayons : il est plat et circulaire.

Le trône est placé entre deux colonnes auxquelles se rattachent des draperies qui y sont nouées ; elles semblent tomber de dessous une arcade à trois cintres surmontés de tours crénelées. Au sommet est un édifice dont le centre porte un dôme, et ressemble à l'abside d'une église ; de chacun de ses côtés sont une petite coupole et une tour à créneaux.

L'origine, la date de ce portail méritent examen. Suivant quelques antiquaires, ce portail aurait été fait au xve siècle uniquement pour la commodité des chanoines ; et ils font remarquer à l'appui de leur opinion que les figures d'anges qui le décorent ont une grande analogie avec celles que présentent les sculptures faites à Notre-Dame, et à Saint-Remi, au portail latéral, vers la fin du xve siècle. Suivant d'autres, lorsqu'on rebâtit Notre-Dame dans la première partie du xiiie siècle, l'architecte, Robert de Coucy, aurait d'abord préféré le vieux style roman au style gothique, alors nouveau, puis l'aurait abandonné pour adopter sans réserve la mode du moment. Ce système a aussi son point d'appui : on fait remarquer au-dessous des rosaces qui ornent la façade des transsepts du côté du Chapitre et du côté de l'archevêché, trois arcades à plein-cintre, renfermant des rosaces circulaires, et l'on rattache ces détails au petit portique dont il s'agit. Nous n'admettons aucune de ces deux hypothèses, et nous pensons que ce débris de l'art ancien est une relique de la seconde cathédrale.

Le petit portail est encadré dans des lignes ogivales, il est vrai, mais simples, privées de sculptures, mais faites pour le contenir, et sans rapport avec les riches arcades qui l'avoisinent.

La pièce qui le renferme présente de toutes parts des lignes
ogivales pures et allongées, qui lui donnent une existence antérieure au XVᵉ siècle. Elle servait de passage entre l'église et le
Chapitre. Les chanoines n'auraient pas fait sculpter à l'intérieur
un portail que personne n'aurait vu : si on l'eût fait, on eût
décoré la pièce dans le même style : il n'en est rien. Les piliers
ne sont même pas dessinés jusqu'au bas. S'il est vrai que les
figures d'anges aient de l'analogie avec celles sculptées sous
Robert de Lenoncourt, il faut remarquer aussi que cette simili-
tude existe entre elles et les statues qui ont décoré la cathédrale
dès le XIIIᵉ siècle. Les monuments de l'architecture romane
nous offrent des figures d'anges identiques pour la coupe des
vêtements et la pose des ailes déployées. Ce genre de statues est
même un des caractères de ce style. Ces sculptures ont été
peintes; leurs couleurs sont encore bien conservées. Les pierres
qui les entourent n'ont pas été peintes, et sont étrangères au monument d'art qu'elles encadrent. Celui-ci, revêtu de nuances
brillantes, dut être illustré pour voir le grand jour : c'était l'u-
sage dans les IXᵉ, Xᵉ et XIᵉ siècles. Si ce portail datait du règne
de Louis XII, on eût peint toute la pièce dans le même goût.

Les ornements qui enrichissent les chapiteaux des piliers
supportant l'arcade à plein-cintre, ont de grands rapports avec
les rinceaux d'un candélabre donné, suivant la tradition, à
l'église Saint-Remi par Frédéronne, reine de France, dans le Xᵉ
siècle. Nous avons publié le dessin des fragments qui en restent,
dans nos recherches sur les trésors des églises rémoises. Ce sont
les mêmes enlacements de branches et de figures de tous genres.

En étudiant les détails de cette curieuse porte, nous avons

cherché une ligne, une idée spéciale au xv⁰ siècle, une inspiration qui n'appartienne qu'à lui ; nous n'en avons pas trouvé.

Si notre curieux portail eût été élevé dans le xv⁰ siècle, il aurait pris la place d'une troisième arcade qui nécessairement avait dû exister pour compléter la façade du nord : pourquoi le Chapitre aurait-il supprimé un magnifique morceau de sculpture, altéré un ensemble parfait ? Qu'y pouvait-il gagner ? Si cependant il eût commis ce sacrilége artistique, ne trouverait-on pas les traces de l'ancienne arcade ? Au contraire le moindre examen des lieux suffit pour convaincre qu'elle n'a jamais existé.

La seconde opinion dont nous avons parlé ne nous paraît pas plus admissible. L'artiste qui a fait Notre-Dame de Reims n'était pas un homme à l'esprit incertain. Il a travaillé d'une main ferme ; il a su ce qu'il voulait et n'a pas choisi d'abord un plan pour l'abandonner ensuite. Nous ne connaissons pas de bâtiments d'architecture purement romane élevés à neuf dans le xiii⁰ siècle ; des réparations ont eu lieu sans doute dans ce style, mais non des créations. Les trois arcades à plein-cintre placées au-dessous de la grande rosace ne prouvent rien. Robert de Coucy n'a pas voulu reproduire la légère galerie qui décore le grand portail ; il a cherché du neuf, n'en a pas trouvé, et, comme tant d'autres, il a fait un emprunt au passé. Ces trois arcades sont hors de proportion avec le petit portail ; il eût été plus grand, s'il eût été destiné à leur servir de support. Les ornements sculptés qui décorent les trois arcades, se reproduisent dans tout l'édifice, au dedans comme au dehors, et n'ont rien de commun avec ceux que nous avons signalés.

On ne rencontre nulle part ceux du petit portail ; de plus, en supposant que Robert de Coucy eût abandonné son premier plan après avoir fait poser quelques pierres, est-ce que les parties abandonnées auraient été déjà parfaites, sculptées et peintes ? L'architecte ne perfectionne le monument que quand il est achevé : l'ensemble d'abord, les détails après.

Souvent les architectes du moyen-âge, quand ils reconstruisaient une église, avaient soin de conserver un fragment du monument qu'ils détruisaient, et de l'enchâsser, pour ainsi dire, dans celui qu'ils élevaient. C'était un hommage rendu par eux à l'art ancien ; c'était une preuve d'existence consacrée à l'édifice qu'ils renversaient. L'histoire les a maintes fois remerciés de cette pieuse et prévoyante coutume. Dans la cathédrale de Reims on cherche vainement ailleurs que dans la petite sacristie les reliques de l'église romane.

Robert de Coucy a fait comme tous ses contemporains : il a démoli l'église d'Hincmar ; mais il en a réservé quelques pierres. Il a sauvé peut-être le morceau le plus élégant, le plus intact. Il le destinait à la postérité comme un monument de l'histoire des arts et de celle des hommes. Grâces en soient rendues à Robert de Coucy !

De quelle date est notre petit portail ? A-t-il été fait sous Ebon, sous Hincmar, dans le xe, le xie siècle ? Cette question est plus difficile à trancher que les précédentes. Nous n'osons pas affirmer qu'il remonte à la fondation de l'église. Il est peut-être trop riche d'ornements et de sculptures coquettes pour remonter aussi loin. Cependant, sous Louis le Débonnaire, l'Italie et Rome étaient encore soumises à la France : Ebon, protégé par l'empereur, a pu faire venir du Midi les artistes qui manquaient à nos contrées. Ils pouvaient, ils devaient être plus habiles que les autres.

Dans le x⁰ siècle, Reims fut prise quatre fois d'assaut et la
cathédrale dévastée. Le trésor, les archives devaient se trouver
du côté du Chapitre, qui ne fut pas lui-même toujours épargné ;
des violences de toute espèce y furent commises. La grande
église dut être réparée plusieurs fois : il serait possible que notre
portail pût remonter à l'époque où les carlovingiens descendaient du trône sur lequel montaient les descendants de Robert
le Fort.

Conservons pieusement ces pierres vénérables, derniers témoins
de tant de faits déjà si loin. Qu'elles restent debout pour aider la
science à renouer la chaine des temps, à retrouver l'histoire généa-
logique de l'architecture, pour attester que dans nos murs les
arts furent toujours florissants, qu'ils furent toujours prêts à
décorer les temples du Seigneur, à dire avec le peuple : Hosan-
nah ! salut et gloire au plus haut des cieux !

CHAPITRE II.

Cathédrale du XIIIᵉ siècle. — Son portail.

ES dévastations dont avait souffert Notre-Dame de Reims n'avaient pas entamé son vaisseau ; les premières années du XIIIᵉ siècle le voyaient encore intact, lorsqu'en 1211, suivant les uns le 6 mai, suivant d'autres le 24 juillet, un effroyable incendie dévora une partie de la ville de Reims et la cathédrale d'Ebon. Si on en croit dom Marlot, le grand-prieur de Saint-Nicaise, l'un de nos historiens du XVIIᵉ siècle, sa voûte et ses piliers étaient en bois, au moins en partie. Cette circonstance facilita singulièrement les progrès et les ravages du feu. La flamme descendit le long des piliers, ravagea le chœur, brûla les reliquaires, une partie du trésor et des archives. La vieille église avait vécu 390 ans environ. Bientôt un amas de ruines noircies, de cendres fumantes, marqua la place où s'élevèrent successivement la citadelle gallo-romaine, le temple de Vénus, l'église bâtie par saint Nicaise, celle achevée par Hincmar.

Lorsqu'en 1844 on creusa dans la cour de l'archevêché le sol pour opérer la fonte d'un second bourdon, on distingua sur les parois de la fosse, à une profondeur de quelques pieds, un lit de charbons et de matières noires, qui pouvaient être les traces de l'incendie de 1211.

L'archevêque Albéric de Humbert, après avoir pleuré sur les ruines de la sainte basilique et prié Dieu de lui prêter l'assistance dont il avait besoin pour relever son temple, commença par donner, à cette fin, tout l'argent dont il pouvait disposer. Le Chapitre suivit son exemple et vida son trésor. L'architecte du monument à construire, l'immortel Robert de Coucy, voulut faire mieux que Romuald. Son plan était vaste et couvrait les lignes du vieux monument ; il les dépassait de toutes parts ; et la nouvelle cathédrale allait renfermer dans son sein les fondations de tous les édifices qui l'avaient précédée. Sa voûte hardie, ses forêts de clochetons, ses sept tours élancées vers le ciel, devaient lui donner un aspect gigantesque. Mais il fallait beaucoup d'or pour tenter cette vaste entreprise. L'architecte, sûr de son génie, doutait de ses ressources et faisait part de ses inquiétudes à l'archevêque : — « Commencez, dit Albéric à Robert, Dieu et les hommes nous aideront. » Et il en fut ainsi. Alors la foi était vive, et la charité donnait largement à la voix de l'espérance ; le clergé demanda des secours au nom du Seigneur ; en son nom il pardonnait au repentir généreux. Dans les provinces on promena les reliques, les vases sacrés, tristes témoins de l'incendie auquel on avait pu les soustraire. Partout sur leur marche on racontait le fatal désastre ; l'or du châtelain et du riche marchand, le denier de la veuve et de l'ouvrier, remplissaient les sacs destinés à l'architecte ; il en fit bon et bel usage.

Ce fut en 1212 qu'Albéric de Humbert posa la première pierre de l'admirable édifice, orgueil de notre cité [1]. Depuis ce jour, les travaux marchèrent sans interruption. Les artistes sculpteurs y dévouèrent leur vie ; les tailleurs d'images y épuisèrent toutes les richesses de leur imagination ; plusieurs architectes y consacrèrent leurs jours, leurs veilles, les trésors de leur science : un chef-d'œuvre sortit de leurs mains.

Ce fut vers 1430 seulement qu'il fut achevé. Pendant deux cent vingt-neuf ans on y vit travailler bien des hommes qui, eux aussi, avaient leurs idées, leur savoir ; ils ont respecté le plan de Robert de Coucy ; ils ont su le continuer et le conduire à perfection. Leur modestie s'est inclinée devant la supériorité du maître ; leur foi s'est mise à genoux devant sa pensée ; elle commandait du fond de la tombe ; et pendant plus de deux siècles ses ordres furent exécutés. Elle était devenue la pensée de tous. Aussi la gloire de Robert de Coucy leur appartient à tous ; tous ils y ont droit. Le génie qui obéit, s'élève au niveau de celui qui commande.

Dès 1213, une cérémonie imposante eut lieu ; c'était la dédicace de l'église. Le même jour on bénissait à Reims l'église Sainte-Balsamie [2].

[1] Autour du cierge paschal on plaçait jadis un rouleau qui portait cette inscription : « *Anno 1211, die festo Sancti Joannis antè portam Latinam, 6 maii, ecclesia remensis fortuito incendio concremata fuit ; et eodem die anno revoluto, fabrica ejusdem ecclesiæ incæpta fuit à bonæ memoriæ Alberico archiepiscopo, qui primum lapidem in fundamentis manu propriá collocavit.* »

[2] Elle était située dans le quartier Saint-Nicaise, dans le haut de

La veille de Noël 1241, les hymnes sacrées se faisaient entendre sous les voûtes nouvelles. Le Chapitre prenait possession
du chœur. Sans doute il s'établissait au centre d'une église encore imparfaite : de longs travaux extérieurs suivirent cette première installation.

En 1295 on bâtissait encore ; il fallait de l'argent. Les fidèles,
le Chapitre en donnèrent, et les clochetons virent leurs pointes
amincies s'effiler en aiguilles ; les niches désertes reçurent bientôt leurs immobiles habitants ; les terribles gargouilles vomirent
les eaux de la pluie qui baignait la toiture ; les milliers de
figures qui décorent les cinq portiques achevés, se classèrent et
se mirent en place ; les tours s'élevèrent majestueusement, et l'œil
étonné se demanda comment l'art pouvait être à la fois si léger
et si noble.

Les nombreuses statuettes dont nous parlerons bientôt, ne
furent pas faites dans le même temps ; on ne dut s'en occuper
que quand les grands travaux furent terminés. L'exécution de
quelques-unes d'entre elles révèle le ciseau des xive et xve siècles.

La tour du midi était encore imparfaite sous Charles VI. Le
cardinal Filastre, ancien chanoine de Reims, se souvint alors de
l'église dans laquelle il avait commencé sa brillante carrière : il
se fit un devoir de lui venir en aide et eut l'honneur de payer
les dernières pierres de l'édifice dont Robert de Coucy traçait le
plan deux siècles plus tôt.

Un immense désastre menaça peu après Notre-Dame de Reims.

la ville, à l'extrémité de la rue qui porte son nom. Elle fut détruite
en 1793.

Le 24 juillet 1481, des ouvriers plombiers raccommodaient sa vaste toiture de plomb ; c'étaient Jean et Remi Legoix. Ils omirent de surveiller les charbons dont ils avaient besoin pour la fusion du métal ; vers midi tout le haut de la grande église fut en feu. La flamme gagna rapidement le clocher élevé sur le transsept, les quatre tours placées à ses deux extrémités. La charpente qui les composait, celle qui soutenait la couverture, étaient de véritables forêts. Rien ne put les empêcher de brûler. L'incendie atteignit les deux tours de la façade. Les cloches, le plomb du toit se mirent à fondre. Des ruisseaux de métal coulaient de toutes parts et tombaient en cascade du haut de l'édifice sur ceux qui portaient des secours. Ce formidable torrent brûlait tout ce qu'il touchait, et formait un obstacle invincible au dévoûment des Rémois. Ils ne purent sauver que le corps de l'édifice et le portail ; tout le reste périt. Le dommage fut estimé à plus de cent mille florins. (Deux cent mille livres tournois de cette époque.)

Il fallut annoncer ce terrible malheur à Louis XI. Ce prince, alors âgé, bizarre et soupçonneux, faisait parfois mine de prendre des accidents pour des actes volontaires. Que faire pour prévenir sa colère sans pitié ? Les plombiers sont arrêtés et conduits à Laon devant le bailli de Vermandois. Les habitants s'assemblent à l'échevinage, et les chanoines au Chapitre. Des gardiens sont placés de tous côtés. Voici qu'à neuf heures du soir l'incendie reparaît et relève sa tête de feu : on s'en rend de nouveau maître. Le jour de l'Ascension, une immense procession fait le tour des débris fumants en implorant la miséricorde du Seigneur. Le peuple portait des torches ; les bannières des métiers, les hautes classes marchaient à sa tête. Cependant le Chapitre et le conseil de ville avaient envoyé une députation au Plessis-lès-Tours. Ils cherchèrent à se justifier et parvinrent à atténuer les effets du mécontentement royal. Le Chapitre courut risque d'être remplacé par des moines, si nous en croyons Fourquart, le syndic des habitants, témoin et historien de ce triste événement. Il n'en fut rien. L'irascible monarque entendit raison. Les frères Legoix même finirent par être graciés.

L'archevêque, les chanoines, les Rémois, les fidèles du diocèse et des provinces voisines se cotisèrent pour faire disparaître les traces du funeste sinistre. Bientôt les travaux recommencèrent.

En 1484 eut lieu le sacre de Charles VIII. Ce jeune prince, que l'on reçut au milieu des ruines encore irréparées, vit avec peine l'état de la royale église. Il accorda, pour sa reconstruction, une somme considérable à prendre sur l'impôt du sel. D'autres rois prolongèrent après lui cette généreuse concession. Les ouvriers purent travailler avec activité. La toiture fut recouverte de plomb ; toutes les cloches furent réunies dans les deux tours du portail. Les clochers qui décoraient les bras et le centre du transsept, devaient être rétablis. Des marchés furent débattus à cette intention. Les bois furent apportés et déposés dans l'intérieur de l'église. Le chanoine Cocquault constate qu'ils y étaient encore dans les premières années du règne de Louis XIV. Nous dirons plus loin comment on recula devant les difficultés de l'entreprise, comment on finit par y renoncer.

La toiture, mal refaite en 1484, fut recommencée en 1487. Jean Rogier, maître plombier, dirigea les nouveaux travaux, et termina la crête de l'édifice par un feston dentelé et surmonté de fleurs-de-lys et de trèfles en plomb doré, placés alternativement.

La façade du portail méridional fut rebâtie en 1501. Le sagit-

taire qui se dresse à son sommet, fut remis en place en 1502.
En 1506, des fonds accordés par Louis XII furent employés à
refaire la galerie du nord. En 1515 seulement, on se décida à
terminer par des toits le sommet des tours du portail. Jusqu'alors
elles avaient attendu les hautes flèches dont Robert de Coucy
voulait les couronner. Depuis cette époque l'édifice n'a plus
éprouvé de modifications dans son ensemble : nous le voyons tel
que l'a vu François Ier.

Chaque année le Chapitre dépensait 25,000 livres en réparations.
Nos rois venaient à son secours et contribuaient à conserver intacte
la grande église. La république la menaça dans son ensemble après
l'avoir ruinée dans ses revenus, dans son trésor, dans ses autels.
Quand le catholicisme releva la tête, la cathédrale fut rendue au
culte, et l'empire lui donna son offrande. De 1809 à 1814, M. Ron-
delet, et d'autres après lui dirigèrent des travaux dont vingt
ans d'abandon avaient augmenté l'urgence. La restauration et le
gouvernement de 1830 les ont continués ; les pouvoirs que Dieu
depuis quatre ans place à la tête de France, n'ont pas voulu les
abandonner. Le pays dans sa détresse a su trouver des fonds pour
continuer la réparation d'un édifice qui lui rappelle tant de
jours de gloire et de bonheur. La Providence veut qu'il vive : ne
peut-il pas encore voir briller dans son sein l'aurore d'une ère
d'honneur et de prospérité ? Mais de longues années, des sommes
considérables y seront dépensées avant que Notre-Dame n'ait plus
besoin de secours.

Ce récit chronologique était nécessaire pour arriver à ce qui va
suivre : en désignant chacune des parties de l'édifice, nous rap-
pellerons, quand cela nous sera possible, les dates, les faits, les
détails qui s'y rattachent.

Les pierres employées à la construction de l'église ont été four-
nies par les carrières d'Hermonville, de Merfy et de Marsilly. On
dut aussi chercher à utiliser les débris amoncelés sur cet emplacement que de somptueux édifices n'avaient cessé de couvrir depuis
près de dix siècles.

La grande église de Reims compte, en longueur en dehors,
149 m. 17 c., et en dedans 138 m. 69 c. Le transsept a en long
à l'intérieur 49 m. 45 c. et à l'extérieur 61 m. 25 c. L'édifice,
mesuré entre les bas côtés, compte à l'intérieur 30 m. 13 c. de
large, l'extérieur 34 m. 07 c. Les contre-forts forment une saillie
de 7 m. 50 c. On trouve au chœur, depuis la grille jusqu'à la
barrière élevée derrière le maître-autel, en longueur, 45 m.
42 c. L'arrière-chœur n'a que 20 m. 45 c. Le chœur et la
grande nef, entre les piliers, sont larges de 12 m. 23 c.; l'axe
des piliers 14 m. 65 c.; les bas-côtés ont en hauteur 16 m. 40 c.,
et en largeur, entre les piliers, 5 m. 53 c. De l'axe du pilier au
mur latéral 7 m. 74 c. L'élévation des chapelles de l'abside est
la même que celle des bas-côtés. Les voûtes ont 37 m. 95 c. de
haut. Les tours montent à 81 m. 50 c.

Avant de pénétrer dans le temple, examinons son extérieur.

Le bas du portail est partagé en cinq parties : toutes les cinq
se terminent par des frontons à angle aigu. Les trois divisions du
milieu sont des portiques : celles des extrémités sont pleines et
couvertes de bas-reliefs : elles sont moindres que les trois autres.
Le portail du milieu est plus élevé que ses deux voisins : l'arcade qui l'encadre a 11 m. 37 c. de large dans sa plus grande
ouverture ; les arcades voisines ne comptent que 6 m. 82 c.
Pour entrer dans la basilique par le portail occidental, il faut
franchir cinq degrés. Aux autres portes, l'exhaussement du sol
oblige à en descendre plusieurs.

Les trois arcades sont exécutées dans le même style et sur le même dessin. Trente-cinq statues, hautes de 2 m. 44 c., en décorent la partie inférieure. Elles sont debout, séparées, placées les unes à côté des autres ; elles forment une chaîne de figures suivant les lignes tracées par la base des trois portiques, et interrompues seulement par les ouvertures destinées à livrer passage aux fidèles. Elles représentent des évêques, des anges, des prophètes, de saints martyrs, des rois et des reines ; elles sont posées sur des piédestaux qui ont pour support des figures courbées ou accroupies, des animaux singuliers. Plus bas sont des feuillages d'un travail délicat, semblables à ceux qu'on admire dans l'intérieur de l'église ; au-dessous on remarque des draperies faites à une époque moins ancienne.

L'arcade du milieu est divisée en deux parties par une colonne de pierre à laquelle est appliquée une belle statue de la Vierge. Jusqu'en 1526, une lanterne où l'on entretenait une flamme perpétuelle, pendait devant elle, et l'éclairait pendant la nuit : à cette époque ce luminaire fut supprimé.

La colonne qui sert de point d'appui à la statue de la Vierge est ornée de huit bas-reliefs : ils représentent l'histoire d'Adam et d'Ève. Ces sculptures sont en mauvais état ; mais on distingue encore assez bien l'Éternel prononçant la condamnation de l'espèce humaine, et l'ange à l'épée flamboyante chassant le premier homme du paradis terrestre.

Les ouvertures des portes sont terminées par des lignes parallèles au sol ; des bas-reliefs les surmontent. Les piliers qui forment leurs jambages, sont décorés de la même manière. Ils ont deux faces : l'une regarde la place du Parvis ; l'autre forme avec la première un angle carré. Elles sont ornées de sculptures presque toutes aujourd'hui mutilées et méconnaissables. On y remarque encore cependant les joies du paradis, les peines de l'enfer, les signes du zodiaque, les travaux des douze mois de l'année. On reconnaît facilement le bûcheron chargé de son fagot, le vigneron taillant sa vigne, le moissonneur, le vendangeur, la vieillesse qui brave l'hiver au coin du feu, une jeune fille souriant au printemps, au milieu des fleurs, sous un berceau de feuillage.

Au-dessus des portes sont d'autres bas-reliefs. La travée de celle placée à droite en entrant est divisée en quatre groupes : le premier représente Clovis victorieux revenant de Tolbiac. Il passe à Toul, et prie saint Vaast, alors simple prêtre, depuis évêque d'Arras, de lui enseigner la parole de Dieu. Dans le second tableau on voit saint Remi catéchisant le roi des Francs ; dans le troisième, le roi, à genoux, se convertit et demande le baptême ; un diacre lui montre la croix, et saint Remi reçoit du ciel la Sainte Ampoule apportée par une colombe. Enfin, dans le

quatrième sujet, le roi, nu dans une cuve, reçoit le baptême :

saint Remi verse sur le chef royal incliné l'eau qu'il vient de bénir.

Au-dessus de la porte principale étaient des bas-reliefs représentant la vie de la Vierge, l'Annonciation, la Visitation et la Purification; ils furent détruits en 1794, et remplacés par cette fameuse inscription :

Temple de la Raison.
Le peuple français reconnaît l'Être suprême
Et l'immortalité de l'âme.

Ces lignes furent effacées en 1800, et remplacées par celles, qu'on y voit de nos jours :

Deo optimo maximo,
Sub invocatione beatæ Mariæ Virginis Deiparæ
Templum sæculo XIII° reædificatum.

Sur la travée de la porte située à gauche on remarque des sujets dont l'interprétation est loin d'être facile. L'un représente un homme tirant son épée; à ses pieds un personnage est à genoux la tête baissée et attend la mort; sur le second plan on voit un brasier allumé; l'autre nous montre l'appel fait à la miséricorde du pouvoir; des soldats armés de pied en cap complètent le tableau. Au milieu de ces figures se trouve sculptée l'église qu'on donne comme celle élevée à Notre-Dame par Ebon. Ne peut-on pas admettre qu'elles représentent la mort de saint Nicaise ou celle des premiers martyrs rémois ?

Le dessus des portes a la forme ogivale. Chacune d'elles est placée au fond d'une arcade spacieuse, voûtée et du même style.

5

Une rosace circulaire donne celle du milieu. Les deux autres portes sont aussi surmontées de verrières ; au centre de chacune se dessine une rose ou un trèfle à quatre feuilles.

Chaque voûte est ornée de figures placées sur cinq lignes : elles s'élèvent au-dessus des grandes statues dont nous avons parlé, de chaque côté de l'arcade, et vont se rejoindre à son sommet. Des lignes de feuillages montent avec elles et les séparent. On compte quatre-vingts statuettes sous l'arcade du milieu ; il n'y en a que soixante sous chacune des deux autres.

Ces figures venaient d'être remises à neuf quand la révolution arriva. Louis XVI, qui avait appris lors de son sacre quelles étaient les charges de l'église de Reims, avait accordé cinquante mille écus pour les réparations de l'édifice ; de plus, il promit de donner pendant quinze ans et donna jusqu'à la fin de son règne une somme de douze mille francs dans le même but. Ce fut au portail central qu'on appliqua les dons de la munificence royale. Sous l'arcade sise à gauche est représentée la Passion dans tous ses détails. Plusieurs de ses scènes sont faciles à reconnaître ; les autres sont rongées par le temps ou mutilées par la main des hommes. Au-dessus de l'arcade dont il s'agit, dans l'angle aigu formé par les lignes qui couronnent l'ensemble du portail, est sculpté le Christ sur la croix ; à ses pieds sont la Vierge, les deux Marie, saint Jean, Nicodème et Joseph d'Arimathie.

Sous la voûte de l'arcade située à droite, on voit des sujets variés, difficiles à expliquer et parfois inexplicables. On remarque des figures hideuses, singulières, et des allégories qui se prêtent souvent à plusieurs interprétations. Avec beaucoup d'attention et un peu de bonne volonté on distingue la résurrection, les peines de l'enfer, la prière, saint Jean, saint Pierre, des musiciens, des anges, la sainte face, des rois et des reines portant la

bienheureuse Sainte Ampoule, Jézabel et les chiens dévorants, des hommes dont deux crèvent les yeux à un troisième, un cavalier armé d'un glaive, un individu qui marche sur les mains, des malheureux déchirés par des bêtes féroces, la communion, un ange tenant le livre de la vie, et bien d'autres sujets de nature à exercer la sagacité du voyageur. Il y aurait un volume à faire sur les détails de cette voûte. Dans le fronton qui la surmonte est sculpté le Seigneur sur son trône ; six personnages qui l'environnent, tiennent les instruments de la Passion.

Sous l'arcade du milieu sont les statuettes réparées sous Louis XVI ; elles représentent dans leur ensemble les bienheureux admis aux joies du paradis ; là sont rangés les rois chers au Seigneur, les apôtres, les martyrs, les vierges saintes et les vertus. On distingue David et sa harpe ; — Salomon et le plan du temple de Jérusalem ; — saint Louis le roi contemporain ; — Clotilde la sainte reine des Francs ; — sainte Hélène qui retrouva la vraie croix ; — saint Jacques coiffé de son chapeau aux larges bords et le bourdon à la main ; — saint Philippe ; — saint Jude ; — saint

Sébastien et les instruments de leur martyre ; — sainte Cécile et
sa guitare ; — Noé et sa grappe de raisin ; — Moïse et les tables
de la loi ; — l'amitié fraternelle ; — l'amour conjugal ; — la religion triomphant de l'impiété. De saints personnages tiennent
des harpes, des trompettes, des flûtes, des violons ; d'autres
chantent ; et tous ensemble ils célèbrent la gloire et la bonté du
Très-Haut. Des anges portent les palmes et les couronnes réservées
à ceux qui sont morts pour la foi, aux hommes qui ont servi
leurs frères.

Le fronton de cette arcade la couronne majestueusement ; ces
sculptures sont vraiment majestueuses et dignes de leur position.
L'artiste a placé la scène au plus haut des cieux. La Vierge arrive
aux pieds du Seigneur ; elle quitte ce monde où elle a tant souffert. Ses jours de douleur sont passés ; le moment de son triomphe
est venu ; le Christ lui pose sur la tête la couronne royale. La
sainte Mère, humble comme dans l'étable de Bethléem, baisse la
tête ; ses pieds posent sur un globe doré. Derrière elle le soleil
l'éclaire de ses rayons étincelants. Cette brillante auréole relève
la beauté de la noble figure ; autour d'elle des anges, des chéru-
bins aux longues ailes, encensent et saluent le groupe divin. Cette
grande composition est abritée sous des pendentifs légèrement
sculptés et terminés en pointes qui descendent en saillie des re-
bords du fronton. Ce savant tableau peut-il être l'œuvre du xiii[e]
siècle ? Ne doit-on pas plutôt lui donner pour date le siècle suivant ? Dans l'origine ces sculptures étaient peintes : le docte chanoine Lacourt, dans le siècle dernier, constatait encore la présence des couches d'azur et des feuilles d'or ; on nous assure
qu'on en voit encore quelques parcelles.

Cette partie de l'édifice avait reçu des réparations notables en
1611. Louis XIII, lors de son sacre, donna de l'argent à cet

effet. Ses bienfaits étaient rappelés par cette inscription placée au portail : « *Ludovicus XIII, Franciæ et Navarræ rex christianissimus in hoc augustissimo templo die 17. octob. anno 1610, regum Franciæ more inauguratus, regiâ munificentiâ instaurandam curavit.* »

Les travaux furent conduits par maître Vincent, architecte de Laon.

Parlons maintenant des bas-reliefs placés sur les frontons et les arcades pleines qui terminent la façade de chaque côté. Des piliers de pierres massives en remplissent la partie inférieure et montent à peu près aussi haut que les grandes statues du portail. Au-dessus s'élèvent des surfaces ayant la forme ogivale, dont le haut s'encadre dans un fronton triangulaire.

Sur la façade sise à gauche, dans la partie inférieure, sont trois figures assez grandes. Celle du milieu tient un livre sous le bras ; elle est placée entre deux démons : l'un semble disputer avec elle ; l'autre lui tourne le dos. Ne peut-on pas voir dans ce bas-relief la lutte du christianisme contre les passions humaines ?

Au-dessus sont trois sculptures. Au bas, on voit l'impératrice Hélène demander à saint Macaire, évêque de Jérusalem, en quelle place le Christ fut crucifié. L'évêque écoute prosterné la question qui lui est faite. Plus loin, on est sur le Calvaire ; le prélat indique le lieu du divin martyre ; les ouvriers travaillent, et la pioche met à jour la croix qui porta le Christ.

La sculpture qui surmonte ces trois sujets représente les trois croix, la fameuse inscription I. N. R. I. et les instruments du supplice. Un personnage tient une des croix debout ; un autre soulève la seconde ; un troisième dégage du sol la dernière. Saint Macaire et l'impératrice sont en prières. Il s'agit de distinguer quelle est la croix du Christ. On les fait toucher à une dame malade ; elle est guérie par la vertu de la troisième.

Au-dessus, des séraphins entourés de fleurs et de palmes soutiennent le signe de la Rédemption. Enfin au sommet du fronton est une figure de femme à genoux devant un crucifix : l'Eglise romaine institue la fête de l'Exaltation de la sainte Croix.

Cette partie de l'édifice fait angle droit sur la place du Parvis ; le côté qui regarde la prison est aussi sculpté. On y remarque des hommes et des anges en prières, et portant des parfums.

Le monument qui termine la façade du côté de l'archevêché, est orné de la même manière. Dans la partie inférieure sont trois anges armés d'épées : l'un tient son glaive la pointe en bas ; les deux autres ont le bras levé et vont frapper les âmes des coupables, représentées par de petites figures à genoux et suppliantes. Dans les trois bas-reliefs qui surmontent cette première sculpture, on reconnaît les figures de l'Apocalypse. Le Christ, sous la forme d'un bélier ou d'un agneau, ouvre le livre des sept sceaux. A droite un ange console les vieillards effrayés des maux qui vont fondre sur la terre. A gauche arrivent deux cavaliers : l'un tient une épée et une couronne ; le second brandit une longue lame de fer. Derrière lui un troisième cavalier se perce de son propre glaive.

Sur le second bas-relief, on voit arriver au galop trois autres cavaliers : l'un tient une balance qu'il agite ; les deux autres représentent la mort et l'enfer. Sur le troisième bas-relief est le trône de l'agneau. Au-dessus, dans une niche, est le Sauveur entre deux anges. A ses pieds sont les âmes des martyrs. Dans la partie anguleuse du fronton est une reine à genoux, et regardant le Christ du portail voisin. Cette partie du monument a une façade latérale du côté de l'archevêché. On y compte vingt-deux figures. Les sujets auxquels elles se rapportent sont tirés des Actes des Apôtres. Elles sont rangées sur trois lignes. Au premier rang, on distingue quelques faits de la vie de saint Pierre. L'histoire de Corneille occupe le second ; celle de saint Jean, sa vie et sa mort se font reconnaître au troisième rang.

Des gouttières à formes monstrueuses sont placées aux extrémités inférieures des frontons triangulaires qui dominent les cinq portiques. Elles séparent ceux du centre et terminent les deux autres que nous venons de décrire. Il est probable qu'elles étaient jadis en pierre ; elles sont aujourd'hui de plomb, et représentent des animaux : comme toutes celles dont nous parlerons, on les nomme *gargouilles*. Au-dessus de chacune d'elles est une statue de chantre ou de musicien. Chaque gouttière semble soutenue par une figure qui plie sous le fardeau ; plus bas sont d'autres personnages qui séparent les arcades ; quelques-uns d'entre eux tiennent des vases d'où s'écoulent des ondes de pierre. Enfin, au-dessus des gouttières et derrière les figures qui les surmontent, s'élèvent, au nombre de six, des clochetons à la pointe légère. Assis sur de hardis piliers, ils couronnent chacun une niche étroite et longue ; des anges, tenant des instruments de musique ou des vases de parfums, les habitent.

Nous avons achevé la description de la partie inférieure du portail.

Nous sommes arrivés au second étage de notre admirable

façade. Au centre, au-dessus de la porte principale, est placée la grande rosace, qui éclaire toute la nef de sa religieuse splendeur. Elle est comprise dans une ogive aussi vaste que l'arcade du centre. Toutes les richesses du gothique pur sont développées dans ses rayons. Autour de son cœur circulaire, se dessine une première fleur à douze pétales; celle qui l'embrasse en a vingt-quatre. Une troisième fleur contient la seconde : ses larges feuilles encadrent celles des deux premières. Leur sommet renferme un trèfle à trois feuilles; un autre trèfle se dessine, entre chacune d'elles, dans l'angle qu'elles laissent vide en touchant de leur extrémité le cercle extérieur de la rosace.

Au-dessus de l'ogive se trouvent de curieuses sculptures. Au sommet, on voit le combat de David et de Goliath : à droite, Goliath reçoit au front la pierre que David vient de lancer ; à gauche, celui-ci frappe le géant de l'épée qu'il a pu lui enlever. Entre ces deux scènes sont trois arbres, des chiens, des animaux qui représentent peut-être le troupeau de l'intrépide berger. De chaque côté de ce vaste bas-relief est une statue colossale de soldat armé de pied en cap, et portant une lance ornée d'une banderole; ils figurent les deux armées spectatrices du combat. On distingue encore au même endroit dix groupes de statuettes, cinq de chaque côté de l'arc ogival. On s'accorde à y reconnaître différents détails de la vie de Saül et de celle de David. Dans le premier groupe, Saül abandonne l'esprit de Dieu; dans le second le prince est chez une magicienne : il la prie d'évoquer devant lui l'ombre de Samuel. Le troisième tableau représente Samuel ; il apparaît à Saül et lui annonce que la colère de Dieu va l'atteindre. A côté, on voit la défaite de l'armée d'Israël ; un soldat montre à Saül un de ses fils percé de coups. Dans le cinquième tableau, on reconnaît David prêt à rentrer en Judée, où la couronne l'attend.

De l'autre côté de l'ogive on voit David sacré par Samuel; Isboseth assassiné pendant son sommeil; David recevant la tête de la victime; Nathan ordonnant au prince coupable de faire pénitence; enfin la révolte de Séba comprime.

De chaque côté de cette portion du portail commence à se dessiner l'architecture des tours. Quatre piliers d'une grande élévation, ayant leur base derrière les frontons des arcades, en indiquent le premier étage; il y en a deux de chaque côté de la grande rose. Leur partie inférieure est pleine : le sculpteur s'est contenté d'y tracer trois ogives allongées, et placées côte à côte. Au-dessus de chaque pilier est une niche aussi de forme ogivale; sa partie antérieure est formée par deux colonnes qui se détachent du monument et portent un clocheton élancé; il est riche d'ornements, et monte au deuxième étage du portail. Dans ces quatre niches on remarque la Vierge et trois apôtres.

Entre les deux piliers qui indiquent la première partie de chaque tour, sont deux ouvertures ogivales divisées par une simple colonne de pierre. Une autre colonne aussi légère sépare chacune d'elles en deux autres ogives. Ces quatre ouvertures sont terminées par des trèfles. Elles sont à jour et donnent passage à l'œil : il peut non-seulement arriver dans l'intérieur de cette partie de l'édifice, mais encore aller au-delà; car ces ouvertures se répètent de l'autre côté du cube qui porte les tours. Elles laissent voir aussi les légers arcs-boutants qui soutiennent la haute nef; celle-ci disparaît derrière la rosace. Le spectateur, devant toutes ces lignes qui se croisent et laissent au milieu d'elles se jouer les rayons de la lumière, admire l'art de l'architecte qui sut donner de la légèreté et de la grâce à l'immense monument sorti de ses mains.

6

On remarque, dans les pierres qui encadrent ces ouvertures, des ferrements qui semblent destinés à porter des vitraux. Tous ces jours ne furent-ils jamais fermés par des verrières ? C'est ainsi qu'on les voit dans un tableau du Musée de Versailles qui représente l'arrivée de Louis XV à Notre-Dame, lors de son sacre. L'artiste a-t-il été trompé par ses souvenirs ? Dans beaucoup d'églises on a rempli les ouvertures des tours pour empêcher la pluie et la neige d'attaquer les charpentes, et le vent d'ébranler l'édifice en s'engouffrant dans les cavités. N'a-t-on pas fait de même à Notre-Dame ? Nous devons avouer que la tradition n'en dit rien.

Nous sommes arrivés à la troisième partie du portail. Elle se compose d'abord de niches ogivales ; des colonnes détachées en forment la partie antérieure ; un clocheton aigu couronne chacune d'elles. Le haut de ces niches est orné de trèfles sculptés à jour. Celles qui sont placées au second étage des tours, se reproduisent sur toutes leurs faces. Chaque tour en compte vingt et une. Elles renferment des statues portant le diadème ; leurs noms ne sont sculptés sur aucune partie de l'édifice. On pourrait se demander si ces figures ne seraient pas celles des rois d'Israël ; mais comme l'église qu'elles décorent est celle du sacre, nous les considérons comme celles des rois de France.

Dans les sept niches placées au-dessus de la grande rose, on voit Clovis dans la cuve du baptême ; Clotilde l'assiste ; saint Remi reçoit la Sainte Ampoule ; deux chapelains du prélat, dont un tient la croix, et deux autres personnages forment le cortége.

Toutes ces figures sont assez grossières ; elles manquent de proportion et sont de beaucoup inférieures à celles des trois portes. Elles doivent avoir été faites avant celles-ci, et par des artistes plus inexpérimentés. Quand on élève un monument, les sculptures du sommet se font avant celles de la base.

Devant ces niches, dont l'ensemble est une composition historique, règne une galerie qui va d'une tour à l'autre; son parapet est formé de petites arcades ogivales et à jour. Au centre sont les armoiries du Chapitre de Notre-Dame, portées par un ange.

Cette portion de l'édifice est connue sous le nom de *Gloria*. Le jour des Rameaux, quand la procession était sur le point de rentrer dans l'église, les enfants de chœur, les chantres et les musiciens montaient à la galerie dont nous parlons, et entonnaient l'hymne qui commence par les mots : *Gloria, Laus*. Le clergé, au bas du grand portail, leur répondait. Cet antique usage ne s'observe plus depuis 1830; mais la galerie a conservé le nom de l'hymne qui s'y chanta pendant plusieurs siècles. On y entre par une porte ouverte au milieu, et derrière elle est un passage qui communique d'une tour à l'autre.

Entre les chefs des quarante-neuf niches dont nous avons parlé, s'élancent des clochetons minces et légers : leur tête se dessine en pointe sur l'azur des cieux. Au-dessus des sept statues du baptême royal s'élève le fronton du portail. Il forme

un angle aigu ; son chef est orné d'un jet de pierres imitant des
fleurs et des feuillages.

A droite et à gauche se détachent enfin les deux tours. On
monte quatre cent vingt marches pour arriver à leur sommet. On
a taillé trois marches dans chacune des pierres qui composent
l'escalier. Les tours ont quatre faces ; chacune d'elles est percée
d'une longue ogive, divisée elle-même par une colonne de pierre
en deux ouvertures du même style. Un trèfle à quatre feuilles se
dessine dans la partie supérieure. Les angles des tours sont mas-
qués par des tourelles hexagones, formées par de simples et légères
colonnes d'une grande hauteur. Dans l'une de ces tourelles est
placé l'escalier qui permet d'atteindre le haut de chaque tour.
La partie de l'édifice achevée, du côté du midi, en 1430, aux
frais du cardinal Filastre, est celle dont nous parlons.

Robert de Coucy et ses continuateurs voulaient élever encore
cette portion du monument et y placer des flèches hardies ; elles
devaient avoir 38 m. 60 c. de hauteur ; ce qui aurait donné à la
façade une élévation totale de 120 m. 10 c. L'argent manqua
pour mettre la dernière main à ce chef-d'œuvre de l'art gothique.
On remarque, aux extrémités, des pierres qui semblent en attendre d'autres : elles sont percées pour recevoir les barres de
fer destinées à maintenir les audacieuses aiguilles qu'on désirait
y poser. Les tours furent longtemps, ainsi que les tourelles, terminées par de simples plates-formes. On ne renonça pas de suite
à y construire des flèches ; vers 1515 seulement, chaque tour,
chaque tourelle fut couronnée d'une toiture conique à plusieurs
faces. Sur chaque sommet brillait une fleur-de-lys dorée. Celle
du centre, sur chaque tour, dominait les quatre autres.

Le gouvernement fait restaurer notre magnifique portail. Un

homme de talent, M. Arveuf, est chargé de cette grande entreprise. Aux pierres qui semblent faites pour attendre les flèches il vient d'ajouter quelques assises. Aurait-il mission d'achever le plan de Robert de Coucy? Sans doute des aiguilles légères montant au ciel feraient au portail de la grande église un splendide diadème. Mais en a-t-elle besoin? N'écrase-t-elle pas déjà de toute sa hauteur nos humbles maisons? De quel point de l'horizon ne la découvre-t-on pas? Ne serait-ce pas compromettre le vieil édifice que de lui imposer un nouveau fardeau? Sans doute l'ambition d'un artiste peut rêver l'honneur d'attacher son nom au plus haut monument du monde : elle fait mieux que ce fou qui chercha la gloire dans la destruction d'un saint édifice. Mais dans un temps sérieux comme le nôtre, une grande dépense publique doit avoir un but moral ou positif. Les arts ne savent-ils pas chaque jour servir utilement la cause de la religion, les intérêts réels du pays?

Ministre et maître des œuvres, si, par hasard, vous avez 600,000 livres dont vous ne sachiez que faire, ne les perdez pas dans les nues, à bâtir l'aire du corbeau criard, de l'épervier cruel. Dépensez-les sur la terre, dans nos églises appauvries et chancelantes; dans notre hôtel de ville incomplet, sur nos places publiques, où l'affection et le patriotisme auraient tant de statues à dresser ; dans nos établissements charitables, si pleins que leurs portes ne peuvent plus s'ouvrir. Votre nom sera sans doute écrit moins haut ; mais la curiosité seule irait le déchiffrer à 120 mètres. Plus bas, la reconnaissance de tous le lira sans peine, et le répétera d'âge en âge.

Les cloches étaient jadis distribuées dans les cinq tours qui dominaient le transsept de l'église. Elles furent fondues par la violence du feu en 1481. Il a fallu trente-trois mille huit cents livres de métal pour faire celles qui les remplacèrent. On les éleva dans les deux tours du portail. Fut alors construite, et réparée depuis à diverses reprises, la charpente qui portait ce lourd fardeau. Dans la tour méridionale, on lit sur une plaque de cuivre, fixée sur une pièce de bois, l'inscription suivante :

Cæsis sylvarum fabricæ remensis quercubus, munificá Ludovici magni indulgentiá, provocante Carolo-Mauricio Le Tellier episcopo, ligni hæc moles extracta est anno R. S. 1703.

Le lecteur a remarqué le mot *quercubus*. On voit que le chêne entre dans la charpente de nos églises : le châtaignier traditionnel n'avait pas seul le privilége d'y figurer, s'il y a jamais pris place.

En 1501, des laniers ou lanerets vinrent faire leur nid dans le haut de nos vieilles tours : on nommait ainsi une variété de faucon. Le fait était curieux. Ces nouveaux-venus dans le royaume des corbeaux et des émouchets furent offerts à Louis XII. Le prince aimait la chasse et les oiseaux veneurs ; il fut reconnaissant du cadeau que lui firent les chanoines, et leur écrivit en ces termes :

« A nos chers et biens-aimés les doyen, chantres et Chapitre
» ∴ l'église de Reims :

» *De par le roy.*

» Chers et biens-aimés, nous avons receu les lanyer et lane-
» retto, que par un porteur nous avez envoyés, qui ont esté pris
» dedans les tours de vostre église ; et pour ce que nous avons
» ce présent agréable, et que c'est novelle et estrange chose à

» tels oiseaux de arrester et faire leur aire en tel lieu, nous
» vous prions que doresnavant, et par chacune année que l'aire
» se continuera, la fassiez très-bien garder, et quand les oyseaulx
» seront bons et prets à porter, que par adret porteur les nous
» envoyés. Et n'y veuillez faire faulte; car en ce faisant nous
» ferez plaisir, que voudrons bien recognoistre, quand d'aul-
» cunes choses nous requérerez donner.

» A Lyon le 16. Jour d'aoust. — Signé LOUIS. — Plus bas:
De Sausay. »

Un chanoine fut commis à la garde des oiseaux et de leur
couvée. Chaque jour il veillait à ce qu'on leur portât pain et
chair.

L'incendie de 1481 fit passer les cloches des tours du transsept dans celles du portail. Cependant, dès 1445, on y en avait
déjà mis quelques-unes. L'année suivante, on songeait à placer
le beffroi dans la tour du nord. On venait d'acheter à cet effet les
cloches de l'abbaye de Hautvillers. Le projet fut ajourné, et elles
furent malheureusement posées dans les tours du transsept, où
elles devaient périr.

Dans la tour du midi étaient suspendues les deux grosses
cloches qui composaient le bourdon. La plus belle existe encore; et ses sons graves et pleins vont, comme par le passé, au
loin appeler l'homme à la prière et jeter dans nos campagnes un
souvenir de Dieu. Elle porte cette inscription :

« Je suis Charlotte, pesant vingt-trois mille, nommée par
Monseigneur illustrissime Charles, cardinal de Lorraine, archevêque, duc de Reims, premier pair de France, et illustrissime

dame Rénée de Lorraine, abbesse de Saint-Pierre de Reims, l'an 1570. — Pierre Deschamps, natif de cette ville, m'a fait. »

Ce monument, qui rappelle, comme tant d'autres dans nos murs, le nom et la munificence de la maison de Lorraine, a 2 m. 46 c. de diamètre sur 17 c. d'épaisseur; il porte les armoiries du cardinal.

Le second bourdon avait 2 m. 16 c. 6 millim. de hauteur et de diamètre; il fut brisé par suite du décret de l'Assemblée nationale qui ordonnait la réduction des sonneries religieuses. Il portait aussi les armes de Lorraine et l'inscription suivante :

« Je suis Henriette, pesant dix-huit mille, nommée par Monseigneur Henri de Guise, pair et grand-maître de France, gouverneur et lieutenant-général pour le roi et les pays de Brie et de Champagne, et par l'illustrissime dame Rénée de Lorraine, abbesse de Saint-Pierre de Reims, l'an 1570. — Pierre Deschamps, natif de cette ville, m'a fait. »

Une autre cloche avait eu pour pour parrain l'archevêque Gabriel de Sainte-Marie, et pour marraine Rénée II de Lorraine; elle pesait 16 milliers.

Une autre avait été nommée par Madame de Joyeuse et le cardinal de Richelieu. Le fier ministre voulut qu'on écrivît sur l'airain les mots suivants :

« Je suis la cardinale, nommée par messire Armand de Richelieu, cardinal, duc et amiral des mers. »

Dans la tour du nord étaient, en 1790, suspendues dix cloches.

En 1560, on en avait refait une qui remontait à la fin du XIV⁴ siècle ; elle avait échappé à l'incendie, et s'appelait Richarde. Elle devait son nom à l'archevêque de Reims, Richard de Besançon, connu en Franche-Comté sous celui de Richard Pique-Pie ou l'Agasse. Le cardinal de Lorraine et sa belle et malheureuse nièce, Marie Stuart, furent les parrain et marraine de celle qui la remplaça ; elle avait 1 m. 43 c. de diamètre. — Une cloche ayant 1 m. 46 c. de diamètre avait nom Antoinette. Une autre encore datait de 1523 et pesait 4,000.

En 1790, l'abbaye de Saint-Nicaise fut supprimée ; les six cloches qu'on y enleva, furent réunies pour quelque temps aux dix qui se trouvaient à la cathédrale dans la tour septentrionale. Bientôt on les reprit, et on n'épargna que le bourdon du cardinal de Lorraine, dans la tour du midi, et une des cloches venues de Saint-Nicaise, dans celle du nord. La première célébra les victoires de nos intrépides armées et les bizarres fêtes des théophilanthropes. La seconde annonça les incendies, sonna le couvre-feu, les heures d'ouverture et de fermeture des portes, la fin et le commencement des travaux quotidiens. Sur ce point, la révolution ne fit que remettre en vigueur un antique usage datant de 1498. Il y eut dès cette époque dans la sonnerie de Notre-Dame une cloche de police ; elle devait conserver cette destination tant qu'il plairait au Chapitre. On avait cessé d'y recourir à la fin du siècle dernier ; elle fut remise en activité en 1792, et depuis elle a rendu plus d'un service à la ville dans les jours d'incendie.

Elle fut brisée en 1803 ; on en fit deux pour la remplacer. La plus grosse, qui donnait le son de la note *ut*, fut fondue par les soins de M. Malherbe, curé de Notre-Dame, en 1803, et nommée Marie par M. et Mᵐᵉ Ludinard de Vauxelles.

7

On lisait sur un médaillon placé au bord de la cloche le nom de Cavilliers, fondeur à Carrepuis. La seconde cloche, qui tintait en *ré*, eut pour parrains MM. de Barral, évêque de Meaux, et Malherbe, curé de Notre-Dame.

Le 18 septembre 1822, Monseigneur de Coucy, archevêque de Reims, bénit trois nouvelles cloches ; elles eurent pour parrains et marraines M. et Mme Ruinart de Brimont, M. le duc et Mme la duchesse de Larochefoucauld-Doudeauville, le baron de Talleyrand-Périgord et la baronne de Talleyrand, douairière. Elles avaient été fondues à Châlons, par Cochois le jeune.

L'opération ne fut pas heureuse ; ces trois cloches ne purent marcher d'accord avec celles faites en 1803. Deux d'entre elles furent cédées à la commune de Brimont ; la troisième fut rejetée dans le fourneau. Cochois en fit quatre autres : l'une d'elles fut nommée par M. de Jessaint, préfet de la Marne. Sur la plus grosse on lit : « J'ai été fondue à Châlons avec mes trois sœurs en 1823 par Pierre-François Cochois le jeune, de Champigneulles par Bourmont (Haute-Marne), pour la cathédrale de Reims. » Elle a le ton du *mi* et pèse 1,048 k. Les trois autres ont ceux des notes *la*, *sol*, *fa*. On y lit ces mots : « L'an 1823, pour la cathédrale de Reims. » Le fondeur a placé son nom sur un médaillon : il aurait dû ne pas oublier ceux des parrains des cloches qu'il avait mal faites au premier jet. Placées dans la tour du nord, elles y reçurent quatre nouvelles sœurs ; leur présence était nécessaire pour compléter la gamme, les deux grosses fondues en 1803 ayant été cassées. — La cloche *ut*, pesant 2,058 k. fondue en 1824, par MM. Antoine et Cochois, porte cette inscription : « Je suis Antoinette, bénite et nommée par excellentissime et révérendissime, Monseigneur Jean-Baptiste, Marie-Anne, Antoine de Latil, archevêque de Reims, pair de France, etc., l'an de grâce 1824 : l'an du sacre de Charles X. » — La cloche *ré*, pesant 1,529 k., porte ces lignes : « Je suis Stéphanie, bénite et nommée par Monseigneur Etienne Blanquet de Rouville, évêque de Numidie, doyen du Chapitre de l'église métropolitaine de Reims, le 25 juillet 1831. » — La cloche *si* est ornée de cette épigraphe : « Je suis Nicaise, nommée par M. Jean-Nicaise Gros, archidiacre de Saint-Timothée et de Saint-Nicaise, vicaire général du diocèse de Reims [1] : fondue, en 1831, par Antoine et Loiseaux de Robécourt : 87 c. — Enfin, une petite cloche donnant le son de l'*ut* a été fondue en 1832, par M. Antoine, et porte 78 c. de diamètre. Elle fut bénite, le 28 novembre 1832, par M. Claude-Joseph Macquart, vicaire général du diocèse de Reims.

En 1843, on tenta de créer un nouveau bourdon : il fut fondu, baptisé, mis en place et condamné. Il avait eu pour parrain et marraine Monseigneur Gousset, cardinal, archevêque de Reims, et Mme de Saint-Marceaux.

Il a été refait en 1849 par M. Bollée, fondeur du Mans. Il est décoré de lampes analogues à celles qui sont dessinées sur la cloche de Saint-Pierre de Rome. Ses anses ont la forme d'un griffon : il est aujourd'hui dans la tour méridionale à côté de Charlotte.

Au sommet de ces tours, où l'airain solennel annonce aux hommes les jours de joie et les jours de tristesse, flottèrent des banderoles de toutes couleurs. Nous aimons à croire que jamais l'Anglais ne put y placer ses léopards. Bourgogne y mit ses drapeaux. La Ligue y arbora son étendard de taffetas vert avec sa

---

[1] Aujourd'hui évêque de Versailles.

devise : « *Auspice Christo.* » Avant lui, vers 1516, y brillait la croix écarlate sur un drap blanc : on songeait alors à faire une croisade.

Pendant près de six siècles la bannière sans tache, le gonfanon d'azur comme les cieux, semé de fleurs-de-lys d'or brillantes comme les étoiles, se balancèrent au gré du zéphir sur la sommité de la grande église. Depuis quelque cinquante ans, le drapeau tricolore leur dispute la place. Ne songe-t-il pas à la leur laisser ?

Majestueux témoin de notre histoire, Noble Temple, dont la tête monte au ciel, que de fois tu as vu l'espèce humaine se combattre à tes pieds ! Ainsi le chêne altier regarde les fourmis se disputer quelques grains de poussière cachés dans l'humble gazon qui couvre ses racines. Autour de toi, que de révolutions se sont opérées ! Tu as traversé les âges et tu redis sans cesse à l'homme que tout passe dans ce monde, si ce n'est Dieu et l'âme, qu'il a faite immortelle. Debout, toujours debout, puisses-tu voir enfin la France unie sous la même bannière ! puissent nos contrées ne jamais oublier que sous ta voûte triompha maintes fois la cause nationale ; que sur tes pavés de marbre se redressa toujours ce trône sapé par les factions, menacé par l'étranger ! puisse le peuple comprendre que l'histoire de la patrie est écrite sur les murs de Notre-Dame de Reims !

ABSIDE DE NOTRE-DAME DE REIMS.

CHAPITRE III.

E chaque côté de la nef, depuis les tours jusqu'aux bras
de la croix, s'élancent sept
arcs-boutants. On en compte huit autour du rond-point; ils sont massifs
dans leur partie inférieure; mais une
fois arrivés à la hauteur de la voûte
des basses nefs, ils montent avec légèreté et
vont, en décrivant deux lignes courbes cou-
pées et soutenues par un pilier, aboutir au
haut de la grande nef. Ils sont ornés de clochetons terminés par des croix de pierre et
renfermant des niches à colonnes. On y voit des
statues d'anges portant des vases, des livres et autres emblèmes
du culte catholique. Au-dessous de ces niches sont encore des

gargouilles ou gouttières, à figures monstrueuses. En 1812, le gouvernement fit restaurer cette partie de l'édifice.

Entre ces arcs-boutants sont placées les fenêtres qui éclairent l'église à l'intérieur. Nous en parlerons quand nous entrerons dans l'édifice.

Depuis le portail jusqu'au transsept, on peut faire extérieure-
ment le tour de la toiture qui couvre la grande nef : une galerie à jour, formée d'arcades ogivales longues et légères, le permet. Autour de l'abside on trouve une autre terrasse arrivant
jusqu'au transsept et formée par des lices de pierre. Elles ne sont
pas à jour ; de distance en distance on remarque, sur le parapet,
des statues représentant des oiseaux de grande dimension. Quelques-uns d'entre eux feuillettent des livres, d'autres ont des ca-
puchons ; ceux-ci ont des membres humains ; ceux-là sont tout
à fait fantastiques et monstrueux.

Au centre de cette terrasse, derrière le rond-point, se dressait l'écusson de France : il rappelait les largesses accordées par

Charles VIII, lors de son sacre, pour réparer les désastres causés par l'incendie de 1441. Ces armoiries étaient soutenues par deux anges ; leur partie inférieure posait sur une table. La reconnaissance de l'église de Reims avait érigé ce monument : la révolution de 1793 l'a mutilé : c'était dans l'ordre.

Autour de l'abside et au sommet des arcs-boutants qui la soutiennent, sont des gouttières à têtes d'animaux. Le temps ronge et détruit chaque jour toutes ces sculptures singulières, dues à une époque où les arts au berceau osaient tout, comme les enfants sans expérience.

On pénétrait dans l'église du côté de l'archevêché par une porte jadis ouverte entre les deux premiers arcs-boutants, près de la tour du midi. Au-dessus est sculptée la cérémonie de l'exorcisme. On y voyait un évêque, à la tête de son clergé, chasser les démons du temple. Ce bas-relief est loin d'être intact ; la porte qu'il ornait est murée depuis une époque que nous ne pouvons indiquer.

Plus loin est une seconde porte ouverte au public ; elle touche les murs de la seconde cour du palais. Ce terrain est bien plus élevé que celui de l'église ; la porte est suivie à l'intérieur de cinq marches qu'il faut descendre.

Plus loin encore on voit une troisième entrée qui communique avec l'archevêché et ne sert qu'à lui.

Au sommet du transsept, sur la pointe d'un pignon anguleux, est une statue aujourd'hui bien mutilée ; elle représente un sagittaire qui semble lancer ses flèches sur le palais archiépiscopal.

On a vu dans sa position une intention malicieuse du Chapitre ; quelques personnes pensent que le cavalier ajustait simplement un cerf de bronze placé jadis dans la cour du palais. La statue dont s'agit ne date que de 1502 ; elle remplace celle détruite par l'incendie de 1481. Celle-ci figurait un personnage dans la même attitude.

Sur la façade du pignon est sculptée l'Assomption ; la Vierge, couronnée par deux anges et soutenue par quatre autres, s'élève dans les cieux ; ses pieds posent sur le croissant de la lune ; il a lui-même pour point d'appui une tige de lys. A droite et à gauche du fronton sont deux clochetons terminés en aiguille et contenant dans leur partie inférieure chacun une niche à colonnes. Dans chacune d'elles est une statue de saint.

Au-dessous est une galerie à jour composée d'arcades ogivales, séparées les unes des autres par des colonnes élancées. Au centre est l'écusson de Pierre de Laval, archevêque de Reims de 1473 à 1493 ; il est placé sur un *pallium*, couronné du chapeau archiépiscopal, et porte sur un demi-globe semé de fleurs-de-lys. Toute cette partie de l'édifice avait péri dans l'incendie de 1481. Les armoiries dont nous venons de parler indiquent l'époque où elle fut reconstruite ; ce n'est plus l'école ogivale pure qui se dessine au milieu des lignes et qui conduit le ciseau du sculpteur ; on reconnaît le style flamboyant et fleuri arrivé à ses derniers jours avec la fin du siècle. Le pignon de la façade du midi ne fut achevé que vers 1501.

La galerie ouverte au-dessous de celle dont nous parlons date au contraire de la construction de l'église ; le feu l'a respectée. Elle est ornée de sept grandes statues, représentant des apôtres et des statuettes d'anges aux ailes éployées, qui séparent

8

les premières. Toutes ces figures sont faites avec art et ont le cachet du siècle qui les vit sculpter.

Au-dessous de cette ligne de statues, dans une vaste fenêtre ogivale, est une grande rosace ; elle est ornée de vingt-deux figures placées symétriquement à droite et à gauche ; elles sont assises sur des trônes ; à gauche on voit onze apôtres, à droite est un même nombre de prophètes. Plus bas sont deux figures de grande dimension : elles ont la couronne sur la tête : ce sont l'Ancien et le Nouveau Testament.

Au-dessous de la rose sont les trois arcades à plein-cintre et les roses circulaires dont nous avons déjà parlé. Plus bas descendent trois verrières ogivales, droites et très-longues : elles complètent la façade du transsept méridional.

Jadis il montait entre deux grandes tours terminées par des flèches revêtues d'ardoises ; elles furent détruites dans leur partie supérieure par l'incendie de 1481. Après avoir quelque temps rêvé leur réédification complète, on dut se borner à les faire égales et à les couvrir d'un toit d'ardoises qui s'élève au niveau de l'extrémité du portail. Ces tours, non moins légères que celles de la grande façade, étaient percées à jour de tous les côtés [1]. Des colonnes et des arcades ogivales soutenaient les divers étages qui conduisaient au sommet. Elles donnent encore au monument un aspect majestueux. L'œil se perd dans tous ces arceaux qui se croisent ; il aime à voir les rayons de la lune éclairer de leur lueur argentine les sombres voûtes de ce palais aérien. Là

[1] Dans ces ouvertures on remarque aussi les ferrements dont nous avons signalé l'existence dans celles de la façade ; les clefs de voûtes offrent quelques traces de peinture.

vivent en paix le noir corbeau et la sinistre orfraie : leurs cris lugubres ont remplacé le grave bourdon et le carillon joyeux que contenaient les vieilles tours. De leurs ailes ils effleurent en passant les royales statues qui décorent les ruines de l'antique monument; ces grandes figures sont placées dans des niches sous des clochetons, debout sur des piliers qui servaient de contre-forts aux tours.

La croisée septentrionale fut construite d'après le même plan que celle du midi. Comme elle, elle fut victime de l'incendie; comme elle, elle fut réparée vers la fin du XV° siècle; les travaux ne finirent qu'en 1506.

Au sommet du pignon on voit l'Éternel tenant dans la main le globe terrestre. Au-dessous sont deux anges : ils vont par ses ordres annoncer à Marie qu'elle sera la mère du Sauveur. La Vierge est sur un nuage; près d'elle, dans un vase, est une branche de la fleur sans tache, de la fleur-de-lys.

Plus bas est une galerie à jour au centre de laquelle est un écusson portant seulement une croix à quatre bras égaux sur un champ d'azur; il est probable qu'elle était cantonnée de fleurs-de-lys qui ont été détruites. Ces armoiries sont celles du Chapitre. La galerie, aujourd'hui restaurée, montre celles de son Em. le Cardin. Th. Gousset.

Au-dessous est une autre ligne d'arcades ogivales, de grandes et de petites statues analogues à celles qui sont au portail du midi.

Plus bas encore est une rosace dans une arcade ogivale. Autour sont dix-huit groupes de statuettes : elles représentent l'histoire d'Adam et d'Ève, celle de Caïn et d'Abel, et l'arrivée du Christ qui vient régénérer l'espèce humaine. Au-dessous sont deux figures colossales : l'une d'elles tient un crocodile et peut représenter l'Orient et ses croyances ; l'autre personnage est mutilé et a perdu l'attribut qui pouvait le faire reconnaître.

Au-dessous de la rose sont les trois verrières à plein-cintre dont nous avons parlé ; un trèfle à quatre feuilles larges du haut, minces à l'autre extrémité, se dessine dans la rosace que chacune d'elles renferme.

Plus bas on distingue le sommet des trois longues verrières ogivales dont nous avons constaté la présence à l'autre portail.

Les tours du portail du nord furent brûlées comme celles du midi ; elles furent réparées et terminées de la même manière.

Le transsept est large ; ses deux façades offrent une vaste superficie. Elles sont ornées de grandes verrières à plusieurs divisions. Du côté du midi ces fenêtres sont intactes, et telles que les a dessinées Robert de Coucy. Du côté du nord leur destinée fut différente : dans l'intérieur de l'église on les voit parfaitement indiquées par les lignes ogivales qui les encadraient ; mais elles sont aujourd'hui fermées. Le cartulaire des chanoines s'élevait devant celle qu'on trouvait à sa droite en entrant par la porte du Chapitre. A l'intérieur l'orgue masque entièrement les trois longues verrières du centre. A l'extérieur, elles sont couvertes, à l'exception de leur sommet, par le portail du nord ; il cache aussi la grande verrière qu'on devait apercevoir à gauche en arrivant.

Ces détails sont bizarres. Robert de Coucy a-t-il fini par modifier son premier plan ? Il n'avait pas voulu d'abord faire un portail du côté du Chapitre. Son idée primitive était de reproduire la façade qui regarde l'archevêché ; il l'a complétement exécutée. Le portail que nous allons décrire est évidemment appliqué aux premières constructions. Il ne s'y encadre nullement et s'avance en saillie sur elles. Sous ce rapport, il n'a rien de commun avec celui de la grande façade, dont toutes les lignes s'harmonisent parfaitement avec celles de l'édifice. Un mur droit, terminé par une plate-forme qui le déborde de quelques centimètres, sert de point d'appui aux portes dont nous parlons. Il paraît élevé contre les verrières. La porte romane de la petite sacristie fut peut-être la seule ouverte de ce côté, sur le premier plan. Plus tard, sans doute, les grandes portes ogivales furent bâties pour satisfaire aux exigences du Chapitre, aux besoins des cérémonies religieuses.

Cette addition doit être fort ancienne, et suivre de près la construction de l'édifice. Les sculptures que nous allons indiquer sont faites à la même époque que celles de la grande façade, c'est-à-dire à la fin du XIII° ou au commencement du XIV° siècle.

Le portail, du côté de l'abside, est fermé depuis le siècle dernier au moins. Dans l'épaisseur de cette porte on a ménagé l'armoire où furent renfermés, pendant quelques années et jusqu'en 1790, les reliquaires, les joyaux de Notre-Dame de Reims. Elle figure encore comme ouverte dans un plan dressé en 1765, et donne en face des bâtiments longeant le préau et contenant la bibliothèque des chanoines.

Placée au fond d'une arcade ogivale assez profonde, elle a peu d'élévation et se termine carrément. Dans la partie inférieure sont des statues analogues à celles du grand portail ; des pierres en saillie sculptées, formant avant-toit sur leurs têtes, servent de point de départ aux lignes ogivales qui vont dessiner la voûte.

On voit, à droite, trois figures colossales, et autant à gauche. Elles représentent six apôtres : ils tiennent les instruments de leur supplice. Une septième statue, adossée à une colonne, sépare en deux la porte d'entrée. C'est celle du Christ : elle était connue sous le nom de Figure du Beau-Dieu, et mérite son nom. Les figures, au nombre de trente, qui enrichissent la voûte, reproduisent l'image de la prière sous toutes les formes.

Au-dessus des anciennes portes, dans la partie supérieure de l'ogive qui l'embrasse, sont cinq bas-reliefs : ils forment cinq étages de sculptures. En première ligne, on voit le Christ sur son trône : la trompette du jugement dernier s'est fait entendre ; l'espèce humaine est amenée par les anges devant le Juge suprême.

Le second et le troisième tableau représentent la résurrection. La terre s'ouvre de toutes parts ; les pierres sépulcrales se soulèvent ; les morts sortent du tombeau. L'humble fosse creusée dans

le sol, le mausolée sculpté richement, deviennent égaux devant
Dieu ; leurs habitants se confondent.

Sur le quatrième bas-relief sont sculptés, à droite les vices, à
gauche les vertus ; un ange sépare les deux groupes. Les figures
indécentes qui se trouvaient à droite, avaient été mutilées par
ordre du Chapitre, avant la révolution. On a prétendu qu'elles
illustraient le crime des habitants de Sodome, ou la fin de
l'histoire de Loth et de ses filles ; chercher à creuser l'intention
du sculpteur est chose au moins inutile. Un évêque, un prêtre,
des vierges, d'autres personnages figurent les vertus ; l'ange les
encense.

Dans le dernier tableau, le sculpteur a placé le paradis et l'enfer. Dans le paradis est le Christ sur son trône ; il reçoit dans son
sein de petites figures qu'apportent, sur des nappes, des anges
aux ailes déployées. De l'autre côté, un ange chasse devant lui,
dans le brasier infernal, de nombreux coupables ; deux démons
maintiennent dans le brûlant fourneau les damnés qu'ils y ont
déjà précipités. Parmi les malheureux que la justice divine a
proscrits, on remarque un roi, un évêque, un abbé, une femme
portant une bourse : cette sévère allégorie a traversé les âges. La
monarchie, le clergé respectaient la hardiesse de l'artiste qui
s'était placé sous l'égide de la religion. Nous recommandons à

l'archéologue l'examen minutieux de ces intéressantes sculptures.

Le portail du milieu servait de voie de communication directe entre la cathédrale et le préau du Chapitre. La porte est ouverte dans une vaste ogive placée au fond d'une arcade ; sa voûte est plus profonde et plus évasée que celle ci-dessus décrite. La partie inférieure est ornée de grandes statues : il y en a trois de chaque côté. Parmi elles ont remarque saint Remi et saint Nicaise portant sa tête ; des anges les encensent. Au centre est la statue de saint Sixte, premier évêque de Reims ; elle est appuyée sur une colonne, qui divise la porte en deux parties : ces sept statues sont surmontées de dais représentant des édifices d'architecture ogivale. Dessous la voûte sont rangées, sur des lignes arquées, quarante-deux statuettes assises ; elles représentent des évêques, des membres du haut clergé. Ils tiennent des livres fermés ou ouverts, des rouleaux de parchemin ; chacun d'eux est placé dans une sorte de stalle dont le sommet, riche de ciselures à jour, porte la statue suivante. Peut-être leur ensemble rappelle-t-il les conciles réunis à Reims dans le XIIe siècle.

Au-dessus des deux portes d'entrée sont sept bas-reliefs super-

posés les uns aux autres. Le premier étage rappelle le martyre de saint Nicaise ; il est divisé en trois tableaux. Près du saint

évêque sont Eutrope, sa sœur, et Joconde, son diacre ; les Vandales les massacrent. On·remarquera les costumes de ces soldats ;
ils donnent une idée des armures au temps où les sculptures
furent faites ; plus d'un curieux les a fait mouler. Dans le dernier sujet, le saint prélat pose sa tête sur un autel ; un ange
l'encense ; un autre descend sur un nuage et lui offre la couronne du martyre. C'est au xiii° siècle seulement qu'on a repré-
senté saint Nicaise portant sa tête ; jusque-là, et notamment sur
la table d'or du maître-autel, on le figurait la tête au-dessus des
épaules.

Sur les autres étages de sculpture sont les actes principaux de
la vie de saint Remi. Au deuxième bas-relief on voit, en quatre groupes, un ange annoncer au solitaire Montan la venue
prochaine de saint Remi, — Montan dire à Célinie qu'elle sera
mère du grand apôtre, — la naissance de saint Remi, qui rend
la vue à Montan, — enfin l'illustre évêque chasser le démon
dont était possédée la fille d'un seigneur nommé Benoît.

Sur le troisième tableau sont ciselés quatre groupes ; ils représentent les détails du procès qui eut lieu entre l'église d'Hildes-
heim et le gendre d'un bourgeois de cette ville. Celui-ci lègue à
l'église une partie de son bien. C'est le sujet du premier groupe.
— Dans le second, on aperçoit le gendre acheter de faux témoins
pour contester la validité du testament. — A côté, devant saint
Remi, choisi pour arbitre, les témoins corrompus lèvent la main
et jurent que les titres de l'église sont sans valeur. — Dans le
quatrième groupe, saint Remi évoque l'âme du testateur ; elle
apparaît et fait connaître sa dernière volonté. Il tient un papier
plié sur son cœur, c'est son testament ; son gendre et sa fille sont
convaincus d'imposture.

Le quatrième bas-relief nous montre saint Remi chez une de ses parentes nommée Celse ; il fait le signe de la croix sur un tonneau vide qui se remplit de vin.

Les autres étages représentent saint Remi chassant les démons, — le baptême de Clovis, — enfin, des anges tenant deux couronnes destinées à saint Remi et à saint Nicaise, et un livre ouvert, qui contient probablement les légendes de ces deux évêques.

Les sculptures de ces deux portes ne manquent pas de mérite, et font honneur à nos artistes.

Avant d'entrer dans le saint édifice, jetons un coup d'œil rapide sur sa vaste toiture. La charpente qui la supporte est une véritable forêt. On a coupé ses longues et fortes poutres dans les bois qui s'étendaient jadis le long de la Vesle, entre Reims et Châlons. La tradition, qui les faisait de châtaignier comme celles de toutes les cathédrales, de tous les grands et anciens édifices de France, reçoit de nombreux démentis. Partout un examen attentif découvre le chêne impérissable. La charpente de l'église de Reims est semblable à celle de ses sœurs.

Nous avons dit, en racontant l'incendie de 1481, que le toit était couvert de plomb. En 1299, le roi affranchit de péage les voitures qui menaient des lames ou des masses de ce pesant métal pour revêtir la couverture de Notre-Dame. On en peut conclure que de 1248 à 1299 elle en eut une provisoire. Toute cette partie de l'édifice fut détruite par le feu. La toiture de plomb fut refaite vers 1484. Le Chapitre fit venir de Cambray un charpentier nommé Colard-Lemoine. Il fut convenu qu'il réparerait les toits, le beffroi, les tours, les croisées, moyennant 7,000 livres, 129 muids de vin, 2 muids de seigle, autant d'avoine. On devait lui donner pour lui et sa famille un bon et honorable logement et l'exempter des tailles, du guet et de la garde.

Toutes les dépenses furent soldées avec les revenus de l'église, les offrandes des fidèles et les bienfaits de Charles VIII. Pour donner au roi un nouveau témoignage de sa reconnaissance, le Chapitre fit placer sur la crête de la toiture un feston dont les dents portaient des fleurs-de-lys entremêlées de trèfles. Il y en avait soixante-deux depuis le portail jusqu'à l'extrémité de l'église (le clocher à l'ange), et vingt-six sur la toiture du transsept. Les fleurs-de-lys, plus élevées que les trèfles, avaient 65 centimètres de haut et 49 centimètres de large. Ces ornements étaient de plomb doré. Cette riche guirlande fut détruite en 1793; on n'épargna que les baguettes de fer qui avaient servi à fixer les fleurs proscrites. En 1812, on eut le projet de rétablir les trèfles; on en posa même quelques-uns qui furent bientôt enlevés. On n'a pas encore donné de suite à cette restauration.

Au centre de la croix formée par les quatre bras de l'église, s'élevait jadis une flèche hardie; elle périt dans l'incendie de 1481. On eut longtemps le projet de la rétablir; les travaux furent même commencés. On peut remarquer des travaux de maçonnerie élevés au-dessus des quatre grands piliers de la croisée ; ils dessinent des arcs à plein-cintre et semblent prêts à recevoir un lourd fardeau. Quelques pièces de charpente semblent déjà posées comme base de la nouvelle flèche.

On s'arrêta dans cette courageuse entreprise en 1495. Elle fut tentée de nouveau en 1506 ; on réunit à Reims des architectes et des ouvriers appelés à grands frais de Blois, d'Orléans et de Beauvais. Ils arrêtèrent leurs plans ; mais malheureusement l'argent manqua. On eut bon courage jusqu'en 1512 : alors seulement le Chapitre et les fidèles renoncèrent à relever la flèche ; un modeste pavillon lui succéda définitivement. Elle est aujourd'hui remplacée par une construction carrée, assise sur quatre arcades ; au-dessus s'élèvent l'horloge de l'église et son carillon. La sonnerie et une cloche nommée Jacquette [1], dont le timbre annonçait les heures, ne furent apportées sur ce point qu'en 1757. Jusqu'à cette époque, elles se trouvaient au-dessus de la tour méridionale du portail.

Cette horloge sonne la demie comme l'heure qui va venir : ainsi à trois heures et demie le marteau fait retentir quatre fois le timbre sonore. Cet usage fut adopté, dit-on, pour réveiller la vigilance des habitants, avancer le commencement des travaux et tromper la paresse en accélérant la marche du temps.

Le son des coups qui retentissent, les notes qui les précèdent, distinguent l'heure de la demie. Le carillon se compose de douze petites cloches ; elles sont placées de manière à former une sorte

---

[1] On la nommait aussi Marson, parce qu'on ne la sonnait jadis qu'une seule fois par an, le 1er mars, pour annoncer le retour des travaux des champs.

d'édifice. Il y en a huit au premier étage ; les quatre autres et celle qui sonne l'heure les dóminent. Des barres de fer croisées, des ornements de plomb en saillie donnent à ce monument un aspect assez pittoresque.

Ces cloches furent faites en 1754 ; elles portent leur date. Le haut de la cloche de l'heure était jadis orné de trèfles et de fleurs-de-lys. Les extrémités de cet humble clocher en étaient aussi garnies. Mutilée en 1793, cette décoration fut rétablie avec les débris de celle qui s'élevait sur la crête du toit.

Au-dessous du carillon, dans la base qui le supporte, est une chambre carrée, éclairée par deux lucarnes vitrées. Là se trouve le mécanisme qui fait marcher les cloches ; autour d'un tambour sont posées des clavettes adaptées à des fils de fer sur lesquels elles s'appuient. Les fils ainsi mis en mouvement font lever et laissent retomber le marteau sur les cloches dont le son doit se faire entendre.

Le carillon chante toute l'année des airs différents aux quarts, aux demies, aux trois quarts. Mais avant que sonne l'heure véritable, il joue des airs qui varient avec les saisons et les fêtes de l'Église.

Dans l'intérieur du toit, au-dessous de la tour du carillon, on remarque un écho singulier. Là sont quatre piliers qui se correspondent ; en se tournant vers l'un des angles qu'ils forment, on peut, en parlant à voix basse, se faire entendre dans l'angle diamétralement opposé ; il y a 14 m. 50 c. de distance d'un point à l'autre. A ce point se trouvait un autel placé sous l'invocation de sainte Anne ; il fut élevé vers 1581, par Pierre Remy, Pierre Frizon et Hubert Morus, dignitaires du Chapitre.

La voûte de l'église sur laquelle nous sommes, au point de la clef, est épaisse de 1 m. 32 c.; elle est percée de divers orifices circulaires; ils servent à descendre les cordages et à enlever les catafalques, les draperies des grandes cérémonies. C'est par ces ouvertures, que le jour de la Pentecôte on jetait dans le chœur et dans la nef des étoupes enflammées. Entre la voûte et le sommet des combles on trouve 20 m. 10 c. de hauteur.

En continuant notre promenade sur les toits, nous arrivons à l'extrémité de l'édifice; nous y voyons une flèche légère, élancée et se terminant en aiguille. On l'appelle le clocher à l'ange; elle doit son nom à la figure placée sur son sommet.

Ce clocher, large de 4 m. 22 c. à sa base, a 17 m. 87 c. de haut. Pour arriver du sommet du toit à celui du clocher, on monte soixante-dix huit marches de bois; sa partie inférieure se compose de seize piliers; ils en soutiennent huit autres jadis enrichis de fleurs-de-lys.

La statue de l'ange peut tourner comme une girouette. Ses ailes étendues donnent prise au vent qui la fait mouvoir. Ses pieds posent sur un globe; ils le touchent par un seul point : ce qui ne gêne pas son mouvement de rotation. Elle fut abattue une première fois en 1612. Le 4 mars 1613 elle fut replacée après avoir été dorée. En 1793, elle tomba de nouveau : cette fois c'était la tempête révolutionnaire qui l'atteignait. Elle fut remise en place dès que cette restauration fut possible; elle a 2 m. 11 c. de haut. La croix qu'elle tient a la même longueur.

En 1430, on fondit et plaça dans cette flèche une cloche qui appelait les enfants de chœur aux offices. On la nommait la cloche d'argent, soit parce qu'elle avait un son perçant et peu grave, soit parce qu'on la sonnait pour convoquer les officiers à l'église à la distribution des gages. On montait les soixante-dix-huit marches pour arriver à la cloche ; elle était fixée à l'extrémité de l'aiguille.

A la base de la flèche qui termine cette partie de l'édifice, on remarque huit figures de plomb, plus grandes que nature. Les unes sont pendues, les autres ont l'air d'être blessées ou tuées par le fer. Celles-ci tiennent des livres, celles-là des bourses d'où elles tirent de l'argent. Quelques personnes ont vu là une allusion aux massacres qui suivirent l'émeute du Micmac [1], un épouvantail dressé par le pouvoir royal pour terrifier les Rémois. Nous n'admettons pas cette explication. L'incendie de 1481 a-t-il détruit le clocher à l'ange ? Dans ce cas, il ne fut reconstruit que sous Charles VIII. A cette époque les faits et gestes de Louis XI étaient loin d'être en faveur ; il est peu probable que le jeune roi ait pris soin de relever ce monument de la cruelle sévérité de son père. L'existence du clocher à l'ange est aussi ancienne que celle des autres tours de la cathédrale. S'il ne fut pas brûlé, nous devons le voir tel qu'il fut construit au XIIIe siècle. Aucun de nos chroniqueurs ne constate qu'à une époque quelconque on ait ajouté les figures dont s'agit. D'un autre côté, ils nous apprennent qu'à côté du maître-autel s'élevaient, sur des colonnes, huit statues de métal qui représentaient de même des suppliciés ou des suppliants. Rappelons-nous encore les descriptions que nous avons données des cathédrales de Saint-Nicaise et d'Hincmar ; nous verrons précisément les mêmes figures se reproduire aux tours du portail et au clocher qui termine le toit du côté de l'ab-

---

[1] C'est ainsi qu'on nomme une révolte qui eut lieu à Reims au commencement du règne de Louis XI : il la réprima par de sanglantes exécutions.

side. Les dessins que nous avons décrits remontent à la fondation de la cathédrale actuelle. On en peut conclure que le clocher à l'ange et sa décoration remontent à une haute antiquité. Si l'on veut y voir l'emblème d'un châtiment, d'une expiation, on peut y reconnaître un souvenir des insurrections du peuple contre les archevêques, dans le xiii° siècle, des réparations et des peines imposées aux rebelles.

Jetons ùn coup d'œil sur l'immense panorama qu'on découvre du haut de la cathédrale, sur ces plaines de Champagne qu'elle domine en reine : puis descendons enfin au milieu de ces murs qui virent tant de fois le ciel et la France recevoir le serment de nos princes, et leur donner la couronne.

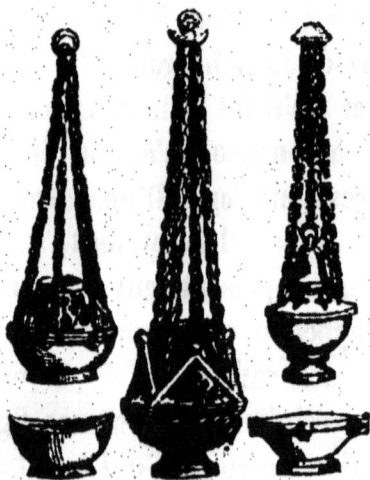

CHAPITRE IV.

NTRONS dans le mystérieux édifice : jetons nos regards vers la voûte. Elle est peinte en azur et semée de fleurs-de-lys d'or; les nervures qui dessinent les arcades et vont rejoindre les clefs de nef sont jaunes et rouges. Cette décoration remonte au sacre de Charles X; avant cette époque, les clefs de voûtes seules étaient peintes. Le temple est éclairé par quatre-vingts verrières blanches ou de couleur, par dix rosaces de différentes dimensions.

Une galerie longue, élégante et très-étroite, passe sous les

hautes fenêtres de la grande nef. Elle compte cent soixante-
treize arcades ogivales, larges de 1 m. 35 c., élevées de 3 m.
33 c., séparées les unes des autres par des colonnes de pierre. Là,
tous les ans, une étincelante illumination relevait de son éclat le
cérémonial avec lequel on célébrait l'anniversaire de la dédicace
de l'église; à chaque office on plaçait un cierge allumé dans
chaque arcade. — Sur le pilier qui s'élève au centre du chœur
est appuyé un Christ antique; il vient de l'ancien jubé.

On monte à cette galerie par des escaliers ménagés dans les
tours du portail et les angles des façades latérales. Ils mènent
aussi aux voûtes et aux galeries extérieures; ils sont au nombre
de sept.

Les bas-côtés ont aussi leur galerie : elle n'est pas décorée
d'arcades à jour; c'est un simple passage ménagé sur une saillie
au-dessous des verrières des nefs latérales. Les piliers qui soutiennent à l'intérieur les murs de l'édifice sont percés chacun
d'une porte, et forment ainsi la route étroite dont nous parlons.

A l'aide de ces voies suspendues à toutes les hauteurs, l'on
peut parcourir la grande église dans tous les sens.

Les voûtes supérieures de l'église s'appuient sur trente-quatre
piliers, dont le talent de l'architecte a su dissimuler le volume.
On en compte douze dans la nef, huit dans le chœur, et quatorze dans le sanctuaire et l'arrière-chœur; il y en a donc dix-
sept de chaque côté de l'église.

Chacun d'eux donne naissance à quatre nervures principales :
l'une dessine la voûte des bas-côtés; les deux autres forment les

arcades ogivales qui séparent la nef de ses collatérales ; la quatrième, placée au sommet de l'immense pilier, s'élance avec
hardiesse et forme la vaste voûte qui recouvre tout l'édifice.

Au-dessus des arcades latérales règne la belle galerie intérieure que nous avons indiquée plus haut.

Les basses nefs et leurs voûtes reposent sur trente-deux piliers
d'une moindre dimension ; elles s'avancent le long de la nef, du
chœur, du sanctuaire, et tournent autour de l'arrière-chœur
entre cette partie de l'église et les chapelles du rond-point.

De larges et hautes verrières séparent les piliers de la grande
nef et ceux de ses collatérales. On en compte quatre-vingts. Leur
brillant éclat se mêle harmonieusement au torrent lumineux ré-
pandu par les dix rosaces qui décorent les façades.

Parlons d'abord de celles du grand portail. La rose sise au-
dessus de la principale porte d'entrée est, au point de vue de l'architecture, aussi remarquable que celle du fronton : seulement
les lignes ogivales et les trèfles à quatre saillies qui la dessinent, y sont placés en sens contraire. Les vitraux qui les remplissaient étaient analogues à ceux des autres verrières. Ce fut
en 1786 qu'ils furent remplacés par les verres bleus et oranges,
verts et bruns qu'on y voit aujourd'hui. Qui n'a flétri la pauvreté
de son dessin, ses couleurs blafardes et passées ? La peinture
du siècle dernier est vaincue par l'art au règne de saint Louis.
La rose basse et celle qui la domine nous ont toujours re-
présenté la mort et la vie ; la mort et sa pâleur, la vie et ses
prismes brillants ; la mort et son froid glacial, la vie et ses trésors de feu. Il faudra bien qu'un jour ces verres décolorés reçoi-
vent des successeurs ; il faudra que le pinceau moderne reprenne

une glorieuse revanche, se réchauffe et s'inspire aux rayons de
ce soleil fait par les hommes, qui depuis six siècles, au milieu
de ces lames de rubis, d'émeraudes et de saphirs, donne passage
et richesse à la lumière du ciel. Adieu donc, rosace du siècle
qui doutait de tout, rosace sans foi, sans espérance, comme
sans avenir! puisse la génération qui nous suit demander un
jour quelle place tu déshonorais! puisse-t-elle saluer, sur le
trône dont tu n'es pas digne, la vraie compagne de ta glorieuse
sœur.

Autour de la porte d'entrée et de la rose mourante sont placées
sur des lignes parallèles cinquante-deux niches, renfermant
chacune une statuette. Ces figures, hautes de 66 c. à 1 m., sont
bien faites, et sculptées postérieurement à la construction du
grand édifice. On a cru devoir, il y a quelques années, couvrir
de badigeon bleu, jaune et blanc, ce magnifique ensemble de
sculptures. Cet essai ne nous paraît pas heureux ; il fallait laisser
la pierre vierge ou lui rendre les tons brillants et dorés dont le
moyen-âge l'habillait quand il voulait la peindre. Dans ces niches
entourées de feuillages divers et délicatement sculptés, on remarque des rois, des vierges, Marie et son enfant, l'Éternel dans
un buisson devant Moïse, des prophètes, la sainte face, des
anges, des apôtres, des guerriers.

Les deux battants de la grande porte sont séparés par une
colonne de pierre à laquelle est adossée la statue de saint Nicaise. Elle tient sa tête dans ses mains et rappelle que cet intrépide prélat fut massacré par les Barbares sur le seuil même de
son église. Les deux côtés des piliers qui se trouvent à la droite
et à la gauche du saint sont ornés chacun de quatre bas-reliefs
représentant des martyrs.

A droite des sculptures dont nous venons de parler sont deux grandes statues. Elles représentent un ange tenant un encensoir, l'autre un guerrier armé d'une épée nue et la pointe en l'air. A gauche, on voit encore un ange et un soldat. L'ange tire une lame de son fourreau ; le soldat tient son glaive dressé. On a vu dans ces figures allégoriques les célestes gardes de la maison du Seigneur ; ils frappent quiconque la viole ou la profane.

Les portes des deux portiques qui mènent dans les basses nefs sont surmontées chacune d'une verrière. Toutes deux ont la forme ogivale, et renferment une rose à quatre feuilles. Elles furent sans doute, comme toutes les autres fenêtres, garnies de vitraux de couleurs. Aujourd'hui on n'y voit que des carreaux blancs. Quelques figures seulement se font remarquer au milieu du pâle vitrail. Sur la verrière, à droite, on remarque Jésus-Christ présenté au temple et l'assomption de la Vierge. Sur la verrière, à gauche, on voit la Cène et le Christ sur la croix. Ces dessins ne manquent pas d'originalité. Les costumes des femmes qui assistent à la présentation ne sont pas sans intérêt pour l'histoire des modes nationales.

Autour de ces roses sont rangées dans des niches trente-quatre statues semblables à celles du grand portail, faites dans le même style. Des tambours de bois sculpté, qui sont placés devant les portes, dérobent à l'œil une partie de cette riche décoration. Ces boiseries viennent de Saint-Nicaise ; elles avaient été faites en 1764 par les soins de D.-M. Hubert, alors prieur ; elle furent achetées pour la cathédrale en 1792, quand l'antique abbaye des bénédictins fut condamnée. Elles furent exécutées par un menuisier rémois nommé Gaudry. On doit leurs sculptures au ciseau du sieur Desmonts, artiste de Laon.

Au-dessus de la verrière inférieure de la porte principale est une galerie qui sert à communiquer d'une tour à l'autre; elle joint les galeries supérieures qui font le tour de la nef et du chœur. Ce chemin est fermé à l'intérieur par une suite de petites arcades ogivales, en pierre et à jour, qui peuvent servir d'appui au voyageur lancé dans ce voyage aérien.

De l'autre côté du passage est une ligne de verrières longues et ogivales, séparées par de légères colonnes de pierre. Ces magnifiques vitraux sont du plus bel effet : nous ne parlons que de leur éclat. Les figures qui y sont tracées sont loin d'être parfaites. Les peintres verriers savaient colorier, mais non dessiner. Des fouilles faites à diverses époques dans la cour de l'archevêché ont prouvé l'existence de leurs ateliers au pied de la cathédrale. Ce fut seulement vers le milieu du XIII° siècle qu'on dut songer à lui donner cette parure de pierreries. Sans aucun doute la munificence de Louis IX, celle de sa pieuse mère y contribuèrent. La reconnaissance du Chapitre ne les a pas oubliés. Au centre des vitraux de la galerie dont nous parlons, on voit le saint roi debout, vêtu d'un manteau d'azur semé de fleurs-de-lys d'or : il tient une épée nue. Dans toute la longueur des vitraux de la galerie on voit des châteaux : ce sont les armes de Blanche de Castille. A droite du monarque est un évêque qui le bénit, à gauche un autre prélat qui tient un livre. Ce sujet est emprunté au cérémonial au moment du sacre : le roi prête serment. Sa tête est encore nue ; il va être couronné. Les autres après renferment deux femmes, deux personnages couronnés et deux prélats. Il faut y voir Blanche de Castille — la comtesse de Flandres, qui représentait son mari pair de France — Philippe de France, comte de Boulogne, oncle du jeune roi — et Jean de Brienne, roi titulaire de Jérusalem, ou le duc de Bourgogne, le seul pair qui fût présent à ce sacre. Les deux évêques sont les pairs ecclésiastiques. Dans ce grave tableau on a voulu voir le baptême de Clovis : rien ne rappelle cette cérémonie. Ces grandes images ont été réparées en 1834. La révolution s'est inclinée devant cette effigie aux nobles souvenirs, et le club installé dans Notre-Dame, dont les vociférations réclamaient la chute de tout ce qui rappelait la religion et la monarchie, n'osa pas porter une main sacrilége sur les figures royales ; elles restèrent debout sur les ruines du trône et de l'autel.

Au-dessus de cette intéressante galerie brille la reine de nos rosaces, la perle de nos verrières. Sur ses vitraux est peinte l'Assomption de la Vierge. Les médaillons rangés en cercle autour du groupe divin placé au centre renferment la figure des patriarches, des bienheureux et des anges : ils chantent et saluent la Mère du Sauveur. Les dessins placés loin du spectateur se perdent au milieu des rayons étincelants qui se croisent en tous sens. L'effet de cette splendide décoration est magique et ne peut se décrire. Lorsque le soleil couchant envoie ses derniers rayons caresser le noble portail, et dire l'adieu du soir à la grande église, la belle rosace reçoit sa lumière bien-aimée, l'absorbe et la jette sur les murs de la nef, sous les mille couleurs du prisme. Elle-même s'illumine et lutte, pour ainsi dire, avec l'astre divin. A peine peut-on arrêter ses regards sur son disque étincelant. Malheur à celui que n'émeut pas ce majestueux spectacle ! Son cœur est mort aux saintes impressions ; il ne sent plus ce qu'il y a d'immense dans les œuvres de Dieu, ce qu'il y a de beau dans celles qu'il inspire aux hommes.

Les verrières des basses nefs étaient jadis, comme toutes les autres, enrichies de vitres de couleur et de tableaux religieux. On remarque dans leurs encadrements au milieu de lignes et d'arabesques variées, des fleurs-de-lys et encore les armes de

Castille. Dans le siècle dernier, les chanoines s'aperçurent que ces brillants reflets du jour diminuaient la lumière dont les fidèles avaient besoin. Pendant cinq siècles, nos pères avaient pu suivre les offices sous les voûtes aux sculptures de feuillage, au milieu des douces lueurs qui rappelaient les parterres fleuris des jardins : mais sous Louis XV, la vue de l'espèce humaine avait sans doute singulièrement perdu de ses forces ; il fallut lui venir en aide.

Dans un des tableaux du Musée de Versailles, représentant le sacre de Louis XIV, et fait dans le xviie siècle, les verrières des basses nefs paraissent de verre blanc. Si l'artiste a scrupuleusement copié ce qu'il voyait, la réforme que nous indiquons serait plus ancienne de cent ans. On n'aurait fait que lui donner plus d'extension sous le règne suivant.

Les antiques verrières furent détruites : a leur place on posa un réseau de petites vitres de verre grossier, à peu près transparent. Le Chapitre y vit peut-être plus clair ; mais l'église fut déshonorée. Les fenêtres des chapelles qui forment l'abside, eurent le même sort. Depuis, le Chapitre a regretté cette mutilation, et à deux époques différentes il a provisoirement décoré la chapelle du centre de vitraux de couleurs. On compte dans les nefs basses dix-huit verrières, et dix-neuf dans les chapelles du rond-point.

Les fenêtres de la haute nef furent plus heureuses. Elles contiennent chacune deux ogives et ont pu garder leur splendide tenture. En les ajoutant à celles qui font le tour du chœur, du sanctuaire et de l'arrière-chœur, on arrive au nombre de vingt-neuf. Dans chacune d'elles sont quatre figures placées sur deux lignes. En haut sont deux images de rois ou de reines. Deux

images d'archevêques occupent la partie inférieure de la verrière.
Les rois ne sont pas nommés, à l'exception d'un seul ; au-dessus
de sa tête on lit le nom de Karolus. On distingue, au bas des
portraits ecclésiastiques, les noms de Donatianus, Discolius,
Viventius, Baruch I, Baruch II, Barnabé, Bennadius, tous ayant
occupé le siége de Reims. On compte en tout trente-six rois ou
reines, et autant de prélats.

Sur les verrières de l'arrière-chœur, on reconnaît les apôtres
désignés par leurs noms, et, au-dessous, des évêques. Ces prélats
sont les suffragants de l'archevêque de Reims ; à leurs pieds on
lit ces mots : *Episcopus Cathalaunensis.* — *Episcopus Suessionensis.* — *Episcopus Laudunensis, etc.* A côté de chacun d'eux
est placée son église ; c'est ce qu'indiquent des légendes analogues à celles-ci : *Ecclesia Laudunensis, Ecclesia Suessionensis,
Ecclesia Cathalaunensis.*

La verrière du centre représente à droite le Christ sur la croix,
accompagné de sa mère et de saint Jean, debout et pleurants ;
à gauche on voit la Vierge assise, portant l'enfant Jésus ; au-
dessous du Christ est l'archevêque de Reims : son église est
auprès de lui ; un ange tient la croix archiépiscopale. Cette intéressante verrière porte un nom : Anricus. Il désigne Henry de
France, dit de Braine, archevêque de Reims de 1227 à 1246.
Cette inscription nous donne la date de ces intéressants vitraux et
le nom d'un des bienfaiteurs de la grande église.

Les doubles verrières sont encadrées dans une grande fenêtre
ogivale. Sa partie supérieure contient une rosace aussi en verres
de couleurs représentant de saintes images.

La rosace du portail méridional est beaucoup moins brillante que celle de la grande façade; mais les dessins qui la décorent sont faciles à distinguer. Leur style n'a rien de commun avec celui des autres verrières. L'on s'aperçoit sans peine qu'ils sont beaucoup plus modernes : ils remontent à la fin du xvi° siècle. En 1580 un violent coup de vent brisa cette rosace et jeta ses débris sur le pavé de l'église; elle fut refaite immédiatement. L'on voit sur un des médaillons qui la composent le nom de Nicolas Dérhodé et la date de 1581.

Au centre est placé le Christ bénissant la terre et montant au ciel, dont il montre la route; autour de lui sont placés dans des médaillons les apôtres, des têtes d'anges. Des arabesques d'assez bon goût se mêlent à ces figures.

Cette rosace, plus transparente que celle du grand portail et que sa sœur du nord, a moins d'éclat lumineux; la perfection relative du dessin lui donne un mérite qu'elles n'ont pas.

La rose du nord se rapproche plus de celle de la grande façade; comme elle, elle brille par ses tons vigoureux; elle se divise en vingt-quatre rayons, renfermant chacun, à leur extrémité, dans leur plus grande largeur, un médaillon historié.

Au centre, autour du Créateur on remarque le soleil, la lune et des anges. Les vingt-quatre sujets qui forment le tour de la rose représentent les premiers jours du monde; les animaux le peuplent d'abord : — puis voici venir Adam et Ève. Leur triste histoire se déroule : Ève nourrit son premier-né Caïn, puis Abel son fils chéri. Le fratricide se commet; Dieu demande au coupable ce qu'il a fait de son frère. Ces sujets sont la reproduction des sculptures placées de l'autre côté du même portail.

Au-dessous des deux roses que nous venons de décrire sont trois petites rosaces. Ce sont celles que renferment les trois arcades à plein-cintre, sur lesquelles nous avons cru devoir attirer l'attention du lecteur.

Plus bas sont les longues verrières ogivales qui terminent les façades latérales. Celles du nord sont à l'intérieur cachées par le grand orgue; celles du midi n'ont presque rien conservé de leur ancien éclat; ont-elles été brisées par l'ouragan de 1580? ont-elles été sacrifiées aux fantaisies du Chapitre dans le siècle dernier? on le croit volontiers en examinant le travail des vitriers qui les ont restaurées; elles sont aujourd'hui remplies de petits losanges en verre blanc.

On arrive aux chapelles du rond-point par une arcade ouverte vis-à-vis des basses nefs; ces belles galeries se prolongent et se joignent derrière le chœur. Autour de chaque chapelle se dessinent neuf arcades ogivales; elles s'élèvent jusqu'au centre de la voûte, où leurs nervures se réunissent. Trois d'entre elles, celles du centre, sont percées et renferment des verrières blanches; le passage sans parapet qui court le long des basses nefs tourne aussi dans les chapelles. Tous ces trésors ont-ils traversé sans peur la tourmente de 1793? Les clubs avaient voté leur chute : nos historiques verrières furent mises en adjudication au profit de la patrie. Quelle aubaine pour la bande noire! vente lui fut faite. Mais au moment de faire livraison, on s'aperçut que le procès-verbal ne disait rien des plombs qui encadraient les vitraux. Le domaine et la commune, sans doute par remords, soutinrent qu'ils n'étaient pas vendus. Les démolisseurs prétendaient que l'accessoire suivait le principal : de là procès; la vente fut annulée. Voilà comment la grande église a gardé son diadème de rubis et d'émeraudes, ses colliers de perles et de saphirs : voilà comment Notre-Dame de Reims, après six siècles, peut encore, comme la jeune fiancée, montrer à ses sœurs les joyaux de ses beaux jours.

Nous avons examiné l'ensemble du grand édifice, nous allons parler de ses détails; laissons un instant de côté la nef, le chœur et le sanctuaire, et entrons dans la basse nef méridionale.

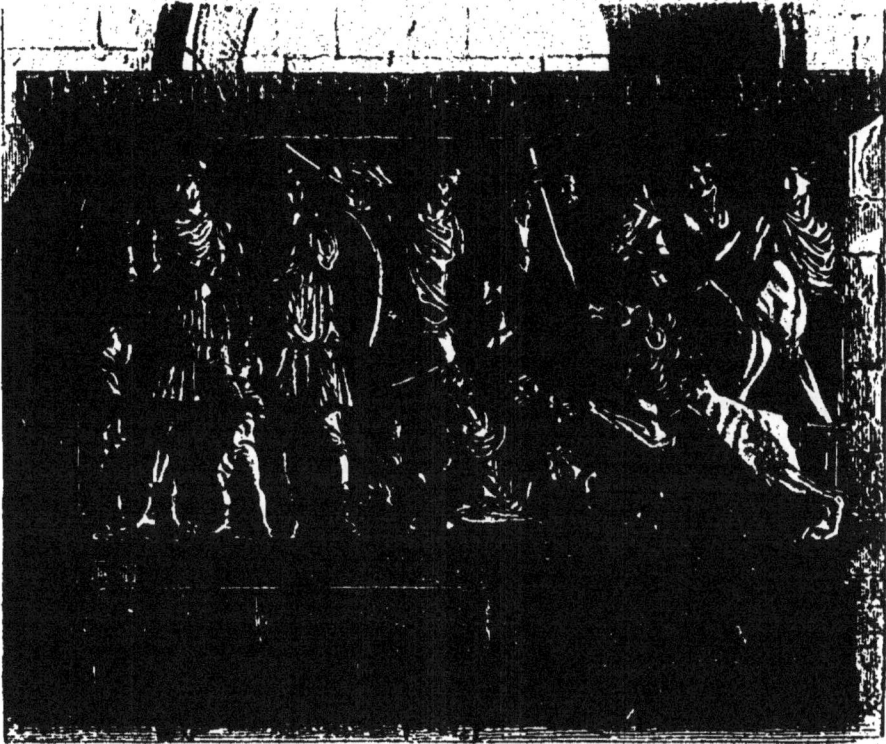

Le premier objet qui frappe nos regards est un large bloc de marbre blanc, à quatre faces, posé sur une base de pierre; il est connu sous le nom de tombeau de Jovin, [1] et se trouvait jadis dans

[1] Jovin, général de cavalerie dans les Gaules, consul et guerrier aussi brillant que fidèle aux empereurs, mort vers 370, était probablement Rémois : ce qui est certain, c'est qu'il avait son palais à Reims, près de l'ancienne église Saint-Nicaise qu'il fonda.

l'église Saint-Nicaise. Quand le trop fameux Santerre eut acheté cette antique abbaye pour la démolir, il dut s'obliger à conserver et à remettre à la ville le célèbre cénotaphe devant lequel nous sommes ; il le mit donc à la disposition de l'ingénieur du gouvernement, M. Tarbé de Vauxclairs. Ce fonctionnaire s'entendit avec les officiers municipaux pour trouver un asile au précieux bas-relief : on désigna la basilique de Notre-Dame. Le tombeau finit par y être placé.

Ce monument, d'un seul morceau de marbre blanc, a 2 m. 32 c. de longueur, 1 m. 33 c. de hauteur, et autant de profondeur. Il a la forme d'un carré allongé. Une de ses deux faces longues n'est pas sculptée : elle est appliquée sur la muraille. Le côté parallèle et les deux extrémités sont couverts de figures en relief ; elles ne forment toutes qu'un seul et même sujet. Au centre est un guerrier à cheval ; sa chevelure est courte ; il veut frapper d'une javeline un lion qui s'élance sur lui. A ses pieds un chasseur renversé repousse à l'aide de son bouclier l'animal furieux des blessures qu'il a déjà reçues. A la gauche du héros de la chasse s'avance un autre cavalier ; il va jeter un dard au monstre. Du même côté sont trois figures d'homme ; elles ont comme les autres le costume romain. Des feuilles de chêne, sculptées au second plan, nous apprennent que la scène se passe dans une forêt.

Quelques animaux déjà tués couvrent le sol. De l'autre côté se trouve une figure de femme coiffée d'un casque ; elle tient un bouclier et une lance brisée. Auprès d'elle on aperçoit un homme la tête nue, et puis un jeune enfant qui porte un casque : à leurs pieds gît un sanglier. Au second plan on découvre un vieillard et un esclave qui conduit un cheval par la bride. Un chien passe entre les jambes du noble coursier.

Sur la façade placée à l'extrémité droite du cénotaphe, est un homme tenant d'une main un arc et guidant de l'autre son cheval couvert d'une peau de lion ; un lévrier le suit. Sur la façade de l'extrémité gauche sont indiqués trois personnages : l'un d'eux est armé d'une pique et mène en laisse un lévrier. Les sculptures de ces deux côtés ne sont qu'ébauchées ; elles n'ont qu'un très-mince relief ; on ne peut juger leur mérite. Les angles du monument représentent des piliers d'arcades au milieu desquelles la scène se passe : le gracieux feuillage de la vigne les décore.

Malheureusement ce curieux bas-relief n'est pas dans un état de conservation irréprochable ; deux fois il fut heurté par les débris de la grande rose de Saint-Nicaise, que la tempête renversa en 1540 et 1711 ; il ne fut pas non plus déplacé sans accident, quoiqu'on eût pris toutes les précautions nécessaires à son salut. L'artiste constate avec douleur les mutilations dont furent victimes les extrémités et les saillies. Ce tombeau n'en est pas moins le plus beau morceau de l'art romain possédé par ces contrées septentrionales,

Sur le haut du monument est sculptée l'inscription suivante :

« *Flav. Val. Jovino. Rem. Cos. Ab. U. C. A. CIƆCXX.* » c'est-à-dire : « *Flavio Valentino Jovino, Remensi, consuli, ab urbe condita anno 1120.* »

On avait placé sur ce monument une urne funéraire qui ne s'y voit plus. Les lignes suivantes s'y lisaient :

CÉNOTAPHE
ÉRIGÉ DANS LE CINQUIÈME SIÈCLE,
A FL. VAL. JOVIN, RÉMOIS,
PRÉFET DES GAULES, CHEF DES ARMÉES, CONSUL ROMAIN.

Comme on le voit, ces deux inscriptions tranchent hardiment une question qui a divisé et divisera longtemps les archéologues.

Les figures ci-dessus indiquées ne rappellent aucune circonstance de la vie de Jovin ; mais une tradition invariable rattache son nom à ce cénotaphe. Le musée de Paris en possède un à peu près semblable. Non-seulement sous les Romains, mais encore sous les deux premières races, les tombeaux de marbre à bas reliefs sculptés furent en usage. Ils ne furent pas toujours ornés de sujets religieux ; celui de Carloman, inhumé à Saint-Remi, représentait une pompe triomphale.

Derrière le tombeau de Jovin se trouve une porte murée. Elle ouvrait jadis sur la première cour de l'archevêché. Plus loin est une autre porte ; on la nommait porte du Cerf, parce qu'elle mène au portique d'honneur du palais, au-dessus duquel fut, jusqu'à la fin du xviie siècle, un cerf de bronze. Il faut monter plusieurs marches pour sortir de l'église de ce côté. Le sol extérieur est exhaussé ; cela tient aux travaux qui eurent lieu sur ce terrain à diverses époques, aux chantiers qui le couvrirent.

Nous arrivons ensuite dans l'intérieur de la croisée méridionale ; dans l'angle droit sont les fonts baptismaux. Ils furent posés en 1805. Aux premiers jours du christianisme, le baptême ne se donnait que dans la cathédrale ; à la fête de Pâques un cortége religieux, à la tête duquel on portait le cierge pascal, conduisait aux saintes fontaines les néophytes revêtus de robes blanches. En commémoration de cet antique usage, chaque procession faisait une station devant la cuve sacrée, qui fut commune à toute la ville jusqu'au viiie siècle : alors on permit aux curés de donner dans leur église le baptême aux enfants de leur paroisse. En souvenir de ce qui était auparavant, tous les ans, le samedi veille de la Pentecôte, les curés de Saint-Pierre-le-Vieil, de Saint-Hilaire, de Saint-Symphorien et de Saint-Étienne venaient assister à la bénédiction donnée dans la cathédrale aux fonts baptismaux.

Jusqu'à la fin du siècle dernier, les enfants qui naissaient dans l'étendue de la petite paroisse Saint-Michel, bâtie dans l'enceinte même du Chapitre, étaient baptisés à Notre-Dame. Les chanoines avaient conservé l'ancien privilège de la cathédrale sur une église entièrement dans leur dépendance.

Les anciens fonts baptismaux passaient pour être ceux dans lesquels Clovis avait reçu le baptême. Rien ne justifiait d'une manière authentique cette glorieuse tradition. De nos jours elle n'est plus discutable : les pièces du procès ont péri.

Cocquault nous apprend que de son temps le monument dont nous parlons se composait d'une cuve ayant en carré 1 m. 30 c. Elle reposait sur quatre colonnes. Le tout avait en hauteur 1 m. 30 c., et de circonférence à la base 2 m. 93 c. Ce bassin ne nous semble pas destiné au baptême par immersion. La tradition se tromperait donc, soit en lui donnant l'honneur d'avoir vu le baptême de Clovis, soit en nous montrant Clovis plongé dans l'eau jusqu'à la ceinture, au moment où il abjure le culte des faux dieux.

Dans le xve siècle, auprès des fonts baptismaux s'élevait une antique statue de la Vierge. Devant elle brûlaient perpétuellement des cierges blancs et élancés. Regrettons la sainte image : on aimait à voir placer sous les yeux de la gracieuse Mère l'enfant nouveau-venu dans ce monde. A la femme gisante sur le lit de douleur devait sourire une douce espérance : Notre-Dame de Reims allait bénir celui qui commençait la vie à ses pieds.

Un peu plus loin que les fonts baptismaux, et précisément au milieu du transsept méridional, est un autel en marbre noir exécuté en 1545 sur les ordres de Charles, cardinal de Lorraine, archevêque de Reims. Il se trouvait jadis dans l'arrière-chœur devant le tombeau du prélat.

Au-dessus s'élève un rétable enrichi de statuettes nombreuses. Elles sont distribuées dans des niches placées sur deux étages. Le sommet du monument est orné d'un fronton triangulaire. Au premier étage et au centre est une descente de croix. La Vierge, en pleurs, soutient sur ses genoux la tête de son Fils bien-aimé. Près d'elle sont la Madeleine, saint Jean l'Évangéliste, et une troisième figure à genoux et revêtue d'habits sacerdotaux. Elle représente le chanoine aux frais duquel ce monument fut élevé. Dans des niches placées aux extrémités du premier plan se trouvent saint Pierre et saint Paul.

Au second étage et au centre le Christ sort du tombeau. Il est debout, triomphant. Une croix, ornée d'un étendard, est dans sa main. A droite et à gauche du tombeau sont des gardes dont la figure exprime la surprise et la terreur. A droite et à gauche, mais aux extrémités, sont les évangélistes dans des niches.

Au centre du fronton qui couronne le monument apparaît le Père éternel : il attend son Fils, qui monte au plus haut des cieux. Ce monument est connu sous le nom d'autel de la Résurrection ou des Apôtres. Il se trouvait un peu plus loin, vers l'abside, et fut repoussé jusqu'au point où nous le voyons, quand l'arche-

vêque Maurice Le Tellier fit refaire et élargir la porte qui donne
du palais dans la cathédrale.

Construit en 1547, il passe pour être l'œuvre du sculpteur Nicolas Jacques, chef d'une famille d'artistes distingués. Toutes les
figures qui le décorent ne sont pas de la même dimension. C'est
un défaut qui blesse l'œil ; mais il ne l'empêche pas de reconnaître de beaux détails et la main du maître. Un vieil usage veut
que les enfants qu'on vient de baptiser près de là soient portés
sur la table de cet autel et posés quelques secondes sur un cous-
sin de velours. L'autel de la Résurrection fit longtemps partie
des autels renfermés dans la chapelle Saint-Jean, aujourd'hui du
Rosaire, dont nous allons parler. Au point où il se trouve,
s'ouvrit jadis une porte communiquant du palais dans la cathédrale ; c'était par là que les archevêques entraient dans la grande
église.

Un peu plus loin que l'autel de la Résurrection est la nouvelle
porte conduisant de l'archevêché à la cathédrale. Un escalier,
placé dans l'église, mène à celui qui se trouve au-delà et aboutit
à la grande salle du palais. Sous la voûte de cette porte passe la
procession qui va chercher l'archevêque quand il vient assister
aux offices, et qui le reconduit dans ses appartements.

En face de cette porte et dans la masse de pierre formant la
base du sanctuaire, est la porte d'un caveau ménagé sous le sanctuaire et le chœur. Peut-être remplace-t-il l'ancienne crypte de
Saint-Remi. Quand M. de Coucy fut assis sur le siége de Reims,
qu'on venait de relever, il se rappela l'existence de la salle souterraine. On souleva la dalle qui en fermait l'entrée. La voûte
avait été refaite assez récemment ; la date de 1775 se trouva gravée sur la pierre. Le caveau compte quatre ou cinq mètres de

long, deux de large, et deux de haut. On descend huit degrés
pour y parvenir. M. de Coucy l'indiqua comme le lieu de sa
sépulture. Il y descendit le premier. Messieurs de Rouville, Gal-
lard, de Latil l'y ont suivi. Puisse la porte de pierre refermée sur
eux ne s'ouvrir de longtemps ! Quand lumières et tolérance
tiennent la crosse de saint Remi, le ciel ne saurait leur compter
trop de jours. Au point de la voûte placé précisément au-dessus
de ce caveau, on suspend, suivant l'antique usage, le chapeau
des archevêques de Reims promus au cardinalat et décédés. Il
doit y rester jusqu'à ce que le temps ait détruit la corde qui le
tient en l'air. Quand il tombe, il vaut une gratification au passant
qui le ramasse : celui qu'on y voit en ce moment appartint à
M. de Latil.

En quittant l'escalier de l'archevêché, on trouve à sa droite, dans
l'église, la première chapelle latérale placée jadis sous l'invocation
de saint Jean l'Évangéliste, et aujourd'hui consacrée au Rosaire.
Son enceinte, dans le siècle dernier, embrassait deux colonnes
de plus : elle renfermait plusieurs autels. Il y en avait d'abord
deux petits appuyés sur l'extérieur des deux premiers piliers et
placés parallèlement à tous les autres. Le plus rapproché du
chœur fut tour à tour dédié à Saint-Léonard et à Notre-Dame
des Neiges ; l'autre fut placé sous le titre de Sainte-Marguerite ou
de Sainte-Croix aux Fonts. Ils furent supprimés en 1744. Un
peu en arrière des deux piliers, et au centre du sol s'éleva la
chapelle Saint-Barthélemy : elle était célèbre par soixante-dix
statuettes qui la décoraient. Une riche balustrade l'entourait :
elle périt avec les autres autels. Derrière se dressa celui des
Apôtres ou de la Résurrection : nous venons de le décrire. Enfin,
plus loin et dans le fond, on vit ceux dédiés à saint Calixte et à
sainte Anne.

Dans cette chapelle se trouve la pierre tumulaire de Hues Liber-
gier, architecte de Saint-Nicaise ; elle fut heureusement enlevée
de cette illustre église quand elle fut condamnée. D'abord on

l'avait couchée dans la nef principale de Notre-Dame ; mais on
craignit que, livrée aux pieds profanateurs de la foule, elle ne
vît bientôt disparaître la figure et l'inscription qui y sont ciselées.

Au point où elle se trouve elle court moins de dangers. Comme elle ne recouvre plus les restes de l'homme dont elle doit perpétuer la mémoire, comme la place qu'elle occupe est tout à fait de fantaisie, ne vaudrait-il pas mieux, dans l'intérêt de l'histoire, ne serait-il pas plus honorable pour l'architecte dont elle conserve les traits et la mémoire, de l'appliquer sur un des murs plats et nus du grand édifice?

Cette pierre a 2 m. 75 de long sur 1 m. 45 de large; au centre est l'effigie du maître. Il porte un bonnet carré et le costume long et grave du XIII⁰ siècle; il tient de la main gauche une toise, et dans la main droite un petit monument qui représente le projet de la basilique de Saint-Nicaise; à ses pieds sont, à gauche, un compas, à droite une équerre. La figure est placée dans une arcade ogivale ornée, au sommet, d'un trèfle à trois feuilles. Dans les angles formés par les lignes courbes de l'ogive et les coins de la pierre, sont des anges; ils balancent un encensoir et rendent au génie l'hommage qui lui est dû.

Autour de la pierre est écrite, en caractères gothiques, l'inscription suivante: « Ci-git. maistre. Hues Libergiers. qui comensa ceste église. An M. CC. et XXIX. lo mardi. de Pasques. et trespassa, l'an de l'Incarnation M.CCL. XIII. lo sëmedi. après. Pasques. Pour Deu. priez por. lui. Ces caractères et les traits du dessin sont gravés en creux et remplis de plomb fondu.

A côté se trouve une mosaïque composée de pierres blanches, noires et rouges: elle fut découverte quand on creusa les fossés qui assainissent les salles basses de l'archevêché. Placée au fond de ces excavations, elle indiquait par son assiette le point où devait se trouver la surface de notre sol pendant les premiers siècles de l'ère chrétienne. Ce curieux monument de l'art gallo-romain fit partie du palais de saint Remi ; il fut témoin du baptême de Cloyis. C'est aux soins de M. Brunette, architecte de la ville, qu'on doit sa conservation.

Une pierre tumulaire, placée à gauche de l'autel, nous indique le lieu de la sépulture du chanoine Jean Godinot, mort le 15 avril 1749.

Après la chapelle du Rosaire, nous trouvons celle de Saint-Nicolas. Il y avait déjà, dans la deuxième cathédrale, une chapelle de son nom ; elle fut rétablie dans la construction de 1212. Son autel est placé sous un baldaquin de bois peint et doré, porté par quatre colonnes de marbre. Les quatre chapelles dont nous allons parler sont ornées de la même manière.

Cet échafaudage de marbre et de boiserie ne s'harmonise pas avec l'architecture de l'église ; le cardinal de la Roche-Aymon, qui fit toutes ces constructions (1763 - 1777), y dépensa des sommes considérables. Le clergé, les artistes et les fidèles avaient perdu le sentiment des arts ; on confondait les styles, les écoles. Le genre ogival était condamné comme sentant la barbarie ; on ne comprenait plus tout ce qu'avaient de poétique la forêt de pierre et ses voûtes ténébreuses, tout ce qu'avaient d'audacieux les dentelles de marbre, les colonnettes sans fin, tout ce qu'il y avait de religieux dans les verrières étincelantes et mystérieuses. La révolution de 1793 subissait parfois dans ses excès et dans ses faveurs l'influence du siècle qui l'avait engendrée ; elle détruisit tout ce qu'avaient produit le moyen-âge et la renaissance ; mais elle fit grâce aux baldaquins de M. de la Roche-Aymon. On n'eut que de légères réparations à y faire pour rendre au culte des autels qui néanmoins avaient été profanés.

Après la chapelle Saint-Nicolas vient celle de Saint-Remi. Dès le XIII° siècle, la troisième cathédrale eut un autel placé sous l'invocation du grand apôtre; dans les deux premières églises, celui de la crypte lui était dédié.

La chapelle du centre, consacrée aujourd'hui à Sainte-Eutrope, fut mise à des époques diverses sous le patronage de Notre-Dame et sous celui de Saint-Jacques. Elle s'appelait aussi chapelle des Chapelains ou chapelle de la Congrégation. Les chanoines de Reims, afin de pouvoir s'acquitter des obligations imposées au clergé de Notre-Dame par ses bienfaiteurs, s'étaient adjoint des ecclésiastiques désignés sous le nom de chapelains; ils formaient une congrégation. Ils étaient soixante, divisés en deux congrégations; la première, qu'on nommait l'ancienne, datait de 1220. Leurs revenus étaient attachés aux autels qu'ils devaient desservir; ils étaient titulaires d'une chapelle, comme les chanoines l'étaient d'une prébende. Chaque autel de Notre-Dame avait plusieurs chapelains, et par suite représentait plusieurs chapelles; il y avait des chapelles vicariales, bénéficiales, choriales, amovibles, inamovibles, temporaires et à vie. Le Chapitre les conférait; l'autel dont nous parlons était spécialement affecté aux chapelains; il appartenait à ceux de l'ancienne congrégation instituée vers le XIII° siècle. Le nouveau corps de chapelains avait ailleurs ses autels et ses offices.

Après la chapelle de Notre-Dame, nous rencontrons celle de Saint-Nicaise. Nous en trouvons une de ce nom dès le XII° siècle; sans doute on la rétablit dans le XIII°. Une plaque de marbre noir placée à la droite, portant une inscription en lettres d'or, disait que Henri Blanchon, chanoine de Notre-Dame, mort le 8 mai 1704, avait, par son testament, ordonné sa reconstruction, dans un style que l'inscription appelle plus élégant; c'est-à-dire qu'il fit détruire l'antique autel. Il eût mieux fait de n'y pas toucher.

La cinquième et dernière chapelle ouverte autour de l'arrière-chœur est placée sous l'invocation du pape saint Calixte; elle fut restaurée, peut-être même reconstruite entièrement dès 1619. Elle fut jadis dédiée à saint Jean-Baptiste. Bachelier, vidame du Chapitre, en 1671, la fit entourer à ses frais d'une grille surmontée de son écusson placé sous une couronne. Maurice Letellier fit supprimer la couronne. Bachelier, peut-être par dépit, fit enlever la grille et la donna à une église de Reims, Saint-Pierre-le-Vieil. La chapelle Saint-Jean n'en conserva pas moins le nom de chapelle du Vidame.

Après avoir fait le tour du rond-point, nous trouvons la chapelle qui fait pendant à celle du Rosaire : c'est celle de la Vierge. Comme toutes les autres, elle est sans rapport avec le style de l'église. De création récente, elle a dans son ensemble et ses détails le cachet de son siècle. Construite en marbre et ornée de dorures, elle renferme dans sa partie supérieure une statue de la Vierge, sculptée par Ladate. Cette noble figure, qui fait honneur au ciseau de l'artiste, est posée sur un globe autour duquel rampe le serpent vaincu. Des colonnes de marbre gris encadrent la statue et supportent une corniche cintrée. Deux anges tenant une couronne de roses paraissent descendre pour en déposer les fleurs sur la tête de la Mère de Dieu. L'autel fut construit par Drouart, artiste rémois.

Dans l'enceinte de cette antique chapelle furent, au fond, l'autel de Saint-Pierre et de Saint-Paul, au milieu, celui de Notre-Dame, à l'entrée, celui du Saint-Lait. Ce dernier fut détruit dans le milieu du siècle dernier par un déplorable aveuglement du Chapitre : il était cependant recommandable à plus d'un titre. Il devait son nom à une relique envoyée, en 1155, par le pape Adrien IV : c'était une pâte blanche qui passait pour contenir du lait de Notre-Dame. Elle était renfermée dans une statuette de la Vierge, faite avec l'or donné par une comtesse de Champagne. Elle coûta cinq marcs du précieux métal ; la sainte figure portait une couronne enrichie de diamants et de perles. On la déposait dans un élégant coffre d'argent ciselé et doré, et chaque soir on la mettait à l'abri en la reportant dans le trésor. Avant la messe du matin on lui rendait sa place. L'autel du Saint-Lait était en outre décoré d'un tabernacle de cuivre sur lequel reposait une vierge d'argent ; derrière était une niche aussi en cuivre dont le fond s'ouvrait et renfermait différentes reliques.

On ne sait en quelle année fut bâtie notre belle et antique chapelle. Elle fut attaquée par l'incendie de 1481 ; à cette époque on réparait les objets d'arts, on ne les détruisait pas. L'autel du Saint-Lait fut donc remis à neuf. M. L. Paris a publié le curieux dessin esquissé à cette occasion par les architectes et les artistes qui reçurent la mission de le relever ; nous lui empruntons les détails qui suivent. L'autel ne remontait pas au-delà du XIVe siècle. Peut-être n'était-il que du XVe : on y reconnaît même quelques-uns des caractères du gothique flamboyant ou fleuri. Il fut restauré à différentes reprises jusqu'en 1518 et probablement encore en 1520. Aussi ses lignes primitives, ses sculptures originales ont-elles dû recevoir de fâcheuses atteintes. Au-dessus de la table d'autel et à ses côtés s'élevaient de riches reliefs. A droite et à gauche du tabernacle étaient deux ogives ; dans leur intérieur étaient en haut des sculptures, en bas des fleurs-de-lys. Sur le tabernacle on voyait une statue de la Vierge assise, tenant son enfant sur ses genoux et placée dans une vaste niche dont le sommet se divisait en deux ogives : un clocheton délicat, renfermant dans sa partie inférieure une statuette d'ange, les

séparait. A droite et à gauche de la niche se trouvaient d'autres
statuettes d'anges placées une à une dans des cellules disposées en
étages ; un clocheton abritait la dernière. Une galerie à arcades
ogivales régnait sur le tout ; d'autres aiguilles marquaient ses extrémités ; un clocheton large de la base couronnait la galerie ; à
son sommet, saint Michel terrassait le démon. Cette partie du
monument devait être un peu en arrière, comme sur un second
plan.

En 1487, la clôture de la chapelle avait été refaite ; elle coûta
1,200 livres. Sur la porte brillait un écusson chargé de trois
fleurs-de-lys et d'un cerf-volant : c'était celui du roi Charles VIII ;
il était soutenu par des anges. Plus tard toute l'enceinte fut semée de fleurs-de-lys. L'archevêque Robert de Lenoncourt fit
peindre la chapelle en or et azur ; il fut inhumé sous ses dalles.

Contre l'un des piliers qui soutiennent la voûte de la croisée
du nord, était jadis l'autel de la Transfiguration ; il était décoré de peintures et de nombreuses statuettes ; on le construisit
vers 1508. La place qu'il occupait est marquée par les débris d'une
pierre tumulaire qui rappelait les noms de son fondateur ; on y
lisait que là reposait vénérable personne maître Hugues Raoul,
dit Cadi, natif de Vienne-le-Château, jadis chanoine et péniten-
cier de l'église de Reims, lequel, après son retour du saint
voyage de Jérusalem, fit faire et construire cet autel avec l'histoire de la Transfiguration de Notre-Seigneur, et y fonda le service d'icelle en l'église de Reims, et trépassa en l'an M.D.XXI,
le 5 d'avril.

Suivant la tradition du Chapitre, ce chanoine pèlerin avait
assisté en 1402 à la procession faite à Notre-Dame le dimanche
des Rameaux, puis était parti pour Jérusalem, sa palme bénie à

la main, en costume capitulaire, sans rentrer chez lui faire ses préparatifs de départ et ses adieux aux siens.

Charles de Caretto, archevêque de Reims (1507-1509), avait contribué à l'érection ou plutôt à la reconstruction d'une chapelle à cet endroit; car il y en avait une sur ce point bien avant celle de la Transfiguration.

On voyait jadis à Notre-Dame un plus grand nombre de chapelles : il y en avait aux quatre coins de la croisée et peut-être même dans la nef; on en remarquait une dédiée à sainte Barbe, patronne des arquebusiers, le 15 octobre 1508.

A l'entrée de la chapelle de la Vierge sont de belles boiseries sculptées dans le siècle dernier, elles masquent une porte ouverte jadis sur le cloître du chapitre. Des ornements d'autel y ont été représentés par le ciseau de l'artiste; ils indiquaient ce qui se trouvait derrière cette décoration. Là brillait, il y a cent ans, le trésor de Notre-Dame de Reims; ses richesses étaient assises sur des gradins disposés autour des murs d'une chambre sans fenêtre; une lampe l'éclairait. Cette pièce, peu profonde d'ailleurs, fut organisée dans l'embrasure du second portail de la façade du nord. Avant que cette retraite, à l'abri des atteintes du dehors, ait été construite, le trésor de Notre-Dame était placé dans l'arrière-chœur, derrière le maître-autel. Une vaste et solide armoire, qui se dressait sous l'orgue, en contenait une autre partie; le surplus reposait sur les autels ou dans la sacristie.

Le trésor de la cathédrale était un des plus resplendissants des plus curieux qu'il y eût en France. L'État, à toutes les époques, le Chapitre, les factions lui avaient fait éprouver de nombreuses pertes : la révolution acheva de le dépouiller. Les anciens gra-

dins sont vides et pleurent leurs beaux jours. Quelques reliquaires oubliés ou soustraits par de pieuses fraudes à la loi de
mort qui devait les atteindre, les dons de Charles X, ont servi à
constituer un nouveau trésor. Nous lui donnerons un chapitre
spécial.

Cette vénérable armoire, veuve de tant de joyaux, possède
maintenant une urne de marbre blanc, faite et fermée en 1848.
Elle renferme les cœurs des trois cardinaux de la maison de
Lorraine, archevêques de Reims. Ces précieux débris ont pu
survivre à la tourmente de 1793[1].

Au-dessus de la porte ouverte au milieu de la façade septentrionale s'élève le grand orgue de Notre-Dame. Il a 20 m. de
haut sur 9 de large. Les riches sculptures qui le décorent sont de
dates bien différentes. Sur la galerie qui porte le buffet on voit
l'écusson de la famille des Ursins : elle a fourni deux archevêques
au siège de Reims, de 1444 à 1473. Sans doute on dut cet instrument à leurs largesses. Sur la même ligne sont des panneaux
sculptés à jour avec toute l'élégance et la légèreté du style gothique
flamboyant dont ils sont l'œuvre. C'est tout ce qui reste de l'orgue
achevé, en 1481, par le facteur Oudin Hestre. Il coûta 4,020 liv.
9 s. t.; on y employa 14,500 livres d'étain. Il remplaçait celui fait
et donné par le célèbre Gerbert, et celui qui déjà, en 1247, avait
succédé à ce dernier[2]. Au XVIIe siècle il fut restauré et gravement

---

[1] C'est ce que constate cette inscription :

*Corda em. cardinalium a Lotharingiâ, archiepiscoporum remensium
Caroli, Ludovici sen. et Ludovici jun.*

[2] En 1583, Jacques Cellier, artiste rémois, en fit à la plume un
dessin complet : il se trouve dans un portefeuille de ce dessinateur
conservé à la Bibliothèque nationale, section des Manuscrits.

altéré dans son style. C'est alors qu'on le décora des sculptures qu'on y remarque de nos jours. Au centre du sommet s'élève la

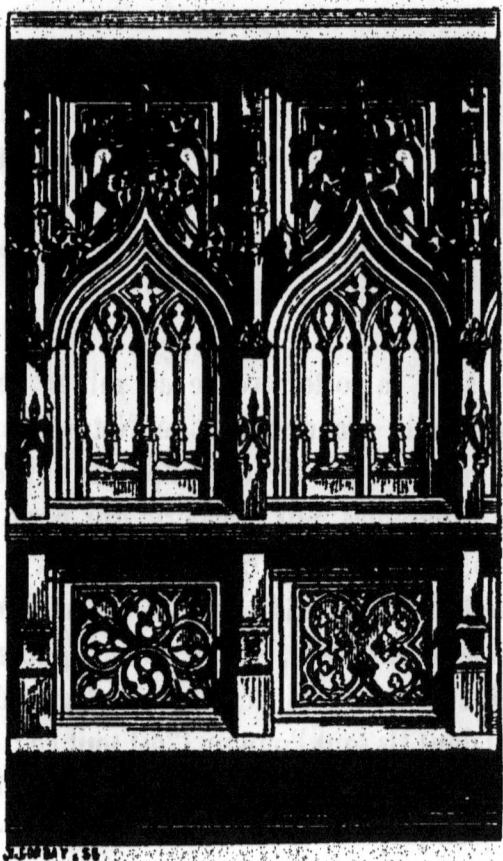

statue du Christ; elle est d'une grande dimension ; de la main gauche elle tient la croix; de l'autre elle montre le ciel. Elle est posée sur un dôme qui couronne les tuyaux du milieu. Aux deux extrémités de l'orgue sont deux autres coupoles; dessus sont placées des statues d'anges qui sonnent de la trompette. Sur l'un des panneaux on lit le millésime de 1647, date de cette réparation. En 1849, le grand orgue fut remis à neuf par John Abbey ; il compte trois mille cinq cent seize tuyaux, quatre soufflets et deux réservoirs. Sa puissance est digne du grand édifice dans lequel retentit sa voix harmonieuse.

Dans l'origine on avait suspendu en dehors, du côté de la façade septentrionale, une chambrette faisant saillie, couverte en ardoises ; elle renfermait les soufflets de l'instrument. Plus tard, on parvint à les dissimuler sans déshonorer le beau portail du nord.

Aux jours de grande fête on tendait au-dessous de l'orgue des tapisseries antiques, ornées de brillantes figures et des armoiries des donateurs.

L'orgue fut épargné sous le régime révolutionnaire ; il servit à célébrer les fêtes de la république. La *Marseillaise*, le *Réveil du peuple*, le fameux vaudeville *Ça ira*, et l'aimable ballade *Vive la Carmagnole*, remplacèrent le *Te Deum* de la superstition (pour parler le style du temps) et les hymnes aimés des hommes religieux.

Au-dessous de l'orgue on voit un fragment de pierre tumulaire qui semble provenir du tombeau de l'archevêque Adalberon ; on y lit encore : ...*dalber... archiepiscop...*

Dans l'angle de la croisée est placée l'ancienne horloge ; elle a 11 m. 33 c. de haut sur 3 m. 33 c. de large. Le mécanisme qui marche à l'intérieur fait mouvoir à l'extérieur douze petite figures coloriées. Deux anges, armés d'un marteau, sonnent les heures en frappant tour à tour sur un timbre sonore ; au sommet, un troisième ange regarde tour à tour celui qui vient de faire vibrer la cloche. Quand l'heure se fait entendre, les statuettes dont nous avons parlé tournent devant le spectateur sur un plateau circu-

HORLOGE DU CHŒUR.

laire ; elles sortent de l'horloge et y rentrent par de petites portes ouvertes dans la boiserie.

Au centre du monument est une sphère qui représente la lune et peut reproduire les révolutions de cet astre. Cette horloge sert à régler les offices ; aussi la nomme-t-on l'horloge de chœur.

A côté est une grande ouverture destinée dans l'origine à compléter la façade de la croisée septentrionale. Longtemps cachée au dehors par les bâtiments du cloître, elle l'est encore de ce côté par une chambre haute, où l'on renferme une partie des vases sacrés, quelques manuscrits, pauvres débris de la riche bibliothèque capitulaire, des ornements d'église de toutes dates. Là se trouvait jadis le cartulaire du Chapitre. Il faut y remarquer les débris d'une peinture à fresque exécutée dans le XIII° siècle ; elle est encadrée dans une bordure composée de trèfles noirs à quatre feuilles. A la gauche du spectateur est un clerc assis sur un banc ; il écrit des lettres déjà garnies d'un sceau pendant ; de son nom il ne reste plus que ces syllabes :..... *damaris*. Sur le même banc est un second personnage ; comme cette partie du tableau est altérée, on ne peut savoir ce qu'il fait ; au-dessus de sa tête on lit : *G. Debrar.* A droite se trouve une maison ouverte ; dans l'intérieur se tient un homme debout ; plus haut on lit : *R. Thesaurari.*

Si l'on en croit la tradition et quelques découvertes partielles, la cathédrale aurait possédé sur ses murs de nombreuses peintures, des arabesques d'or, de vermillon et d'azur. Le fragment que nous indiquons est le seul digne d'examen.

Cette salle est fermée, du côté de l'église, par une immense grille d'un travail antique et délicat. Elle est de fer forgé et ciselé.

Ses fleurons déliés, ses rinceaux élégants se détachent en noir sur le fond du cartulaire ; ils font une décoration gracieuse, d'un appareil généralement sec de lignes et raide de dessins. Ce curieux ouvrage mérite un instant d'attention.

Devant cette fenêtre est le magnifique tableau de Jérôme Mutiano, donné par le cardinal de Lorraine. Il décorait jadis le chœur et en fut enlevé en 1747. Il vient d'être restauré par les soins du Chapitre.

Pendant que le spectateur a les yeux levés, il doit examiner les hautes verrières qui éclairent le transsept ; elles sont remarquables par des dessins variés, dans le style oriental. Le bas est peint, à l'intérieur, sur des vitres blanches, et date du sacre de Charles X (1825).

Au-dessous de l'horloge était un banc nommé la Bourdaisière ; il était encore en 1435 défendu de s'y asseoir pendant les offices. A cette époque, le service divin était plus rigoureux que de nos jours. Les chanoines ne s'agenouillaient pas dans leurs stalles ; il se prosternaient la face contre terre sur les dalles du chœur.

A l'angle où nous sommes arrivés sont deux portes ; l'une mène à la petite sacristie ; elle renferme le portique roman dont nous avons déjà tant parlé.

L'autre conduit à la grande sacristie ; là se trouve aujourd'hui le trésor de Notre-Dame de Reims : nous y reviendrons.

On doit remarquer encore les bancs de pierre établis le long des murs des basses nefs ; tels étaient jadis les seuls sièges souf-ferts par l'église dans son sein. Les gens riches y faisaient porter

des carreaux ou coussins; mais la foule restait debout ou s'as-
seyait sur la dalle. Les portes ouvertes dans la basse nef du nord
donnent dans des revestiaires, dans des salles où l'on renferme
une partie du mobilier de l'église.

CHAPITRE V.

ESCENDONS la basse nef du nord, et retournons au pied du grand portail, à l'intérieur. Là, nous embrassons toutes les beautés du vaste vaisseau qui s'ouvre devant nous. L'œil étonné plonge au milieu de toutes ces arcades élevées vers le ciel. Ces hardis piliers, dont les chapiteaux sont ornés de feuillages légers et toujours différents, rappellent les vieux chênes qui couronnaient de leurs épais ombrages les premiers autels élevés à Dieu. Dans cette majestueuse forêt de pierres, on voit apparaître la fière Germanie. L'ombre victorieuse d'Arminius, les Francs chevelus, les bardes qui chantaient Dieu, la patrie et la liberté, surgissent de tous côtés aux yeux de l'imagination. L'église gothique fut pour nos devanciers l'église nationale. L'air y est pur et libre ; la prière et l'encens y montent droit au ciel. Mais que de temps il fallut à l'art pour arriver au point où nous le trouvons au XIII° siècle ! Que d'artistes luttèrent contre les traditions romaines qui pesaient sur les peuples conquis, avant que Robert de Coucy traçât le plan devant lequel ses successeurs s'inclinèrent !

Salut à l'architecte qui sans peur entreprit une œuvre gigantesque ; il crut assez en Dieu pour espérer de l'achever. Il brisa les liens qui depuis douze siècles enchaînaient les arts et comprimaient la pensée ; il sut fouler à ses pieds la routine timide, l'imitation esclave. Son âme, fille du ciel, inspira son génie ; il fut digne d'elle et de son origine, puisqu'il sut créer. Sa création fut un chef-d'œuvre. — Honneur à Robert de Coucy !

S'il n'est pas jour encore, levez-vous, voyageurs ; levez-vous, vous tous qui cherchez les grandes émotions ; allez frapper aux portes de Notre-Dame de Reims ; faites qu'on vous ouvre. Entrez surtout quand une famille en deuil vient, à la lueur des flambeaux, avant le lever du soleil, poser au pied des autels les restes d'un ami. Donnez une prière à celui qui fut votre frère ; puis regardez. Tout est obscur au-dessus de l'autel ; près du cercueil scintillent quelques flammes tremblantes ; leur éclat se perd dans les ténèbres et l'immensité de l'édifice. La douleur peut pleurer sans contrainte ; rien ne trahira ses larmes. Quand les cantiques d'adieu se font entendre, quand la voix pleine et triste des chantres va se briser sous les voûtes sonores du vaste édifice, quand la prière gémissante du *Dies iræ* monte aux pieds de l'Éternel, alors ne sentez-vous pas le néant de l'espèce humaine, qui meurt et s'éteint, la grandeur de l'âme, qui vit et s'élève jusqu'à Dieu? L'homme est bien bas; mais ne vous semble-t-il pas que le ciel se rapproche? Sur les dalles où l'on s'agenouille, mort, pleurs et prières; plus haut, vie, espérance et bonheur.

Voici venir le crépuscule : les premiers rayons du jour frappent de leur lumière timide l'abside de la cathédrale. Levez les yeux; voyez-vous les verrières de l'arrière-chœur doucement s'éclairer? Bientôt les figures se dessinent, les rois, les archevêques s'animent, se colorent. L'église est sombre encore : mais déjà les illustres trépassés ont repris leur place : debout, ils semblent veiller sur la vieille cité. Ces grandes ombres ne descendront pas; elles ne sont plus de ce monde. A elles les hautes régions, à elles le royaume des cieux. Le soleil surgit enfin, et des torrents de feux aux mille couleurs inondent le haut de l'église. La Providence donne aux campagnes des moissons, aux jardins des fleurs, aux malades un doux espoir, à la jeunesse un rayon de bonheur, à tous un jour de plus. A genoux, vous tous qui croyez, à genoux, et priez Dieu !

Au milieu du pavé de la nef on vit, jusqu'en 1779, un labyrinthe dessiné avec des pierres blanches et des lignes de marbre noir. Il était connu jadis sous le nom du *Dedalus* ou Dédale. Il occupait une surface de 11 m. 4 c. carrés, et avait quatre faces. Les angles étaient occupés par des pentagones ajoutés aux quatre coins. L'ensemble du dessin se composait de douze lignes de pierres noires qui tournaient autour du centre. Tantôt elles livraient passage en s'interrompant; tantôt elles marchaient longtemps sans se couper. Des lignes blanches, composées de dalles larges de 32 cent. 5 millim., séparaient les lignes noires.

Au centre du labyrinthe, dans un hexagone, était une figure

découpée en marbre noir. Une inscription était gravée autour du cercle.

A chacun des quatre angles était aussi une image de marbre noir. Elles représentaient quelques-uns des architectes qui avaient exécuté les ordres de Robert de Coucy, ou avaient continué son œuvre.

Du côté de la chaire étaient Jean Leloup, qui fut seize ans maître des ouvrages et commença le portail ; — Gaucher de Reims, qui pendant dix-huit ans, travailla aux voûtes, aux voussoirs et au portail.

De l'autre côté se voyaient Jean d'Orbais et Bernard de Soissons qui, en trente-cinq ans, fit plusieurs voûtes et mit la main à la grande rose du portail.

Sans doute la figure du centre était celle de Robert de Coucy. Ce modeste monument serait le seul qu'on eût érigé à la mémoire du maître. On prétendait aussi que ce labyrinthe reproduisait le plan du temple de Jérusalem ; dans les XIIIe et XIVe siècles les processions s'y arrêtaient. On le nommait aussi le pèlerinage de Jérusalem : il fallait suivre toutes ses lignes à genoux et en récitant des prières pour obtenir les indulgences promises aux pèlerins qui visitaient la terre sainte.

Les enfants et les oisifs s'amusaient à courir sur les lignes blanches et noires. Cet exercice était peu convenable ; le chanoine Jacquemart, en 1779, donna ses économies pour faire disparaître le labyrinthe. Il eut le plaisir de voir ses vœux satisfaits : le vieux *Dedalus*, aux historiques souvenirs, fut remplacé par des dalles de pierres toutes neuves, toutes blan-

ches, mais muettes et sans passé. Messire Jacquemart put lire
son bréviaire sans distraction ; mais il avait détruit l'unique monument élevé par la reconnaissance de ses devanciers à la mémoire des grands architectes rémois. On pouvait le conserver et
interdire les courses indécentes. Le clergé du XVIIIᵉ siècle subissait l'influence des idées de son temps ; il devait porter le
premier coup à nos vieux édifices et donner l'exemple des démolitions. Il est des choses respectables précisément parce qu'on
n'y touche pas. Le matérialisme confondit volontiers les dog-
mes avec les autels, et crut pouvoir écraser la religion sous les
ruines des églises.

La réforme de 1779 n'eut pas même le soin de relever les
figures des architectes et de les incruster dans les murs d'une
chapelle. Peut-être leurs restes reposaient-ils sous cette mosaïque
funèbre. Le Chapitre de nos jours croira devoir, sans doute,
réparer une faute dont il n'est pas responsable, et rendre aux
artistes qui sacrifièrent leurs jours, leurs veilles, peut-être leur
fortune, à Notre-Dame de Reims, une place dans l'église sortie
de leurs mains.

Non loin du labyrinthe était un autre monument non moins
curieux : nous voulons parler de la cage de Saint-Nicaise. On
nommait ainsi une enceinte ayant quatre faces et quatre ouvertures faites de jaspe et de marbre de différentes couleurs. Les
portes étaient de jaspe blanc ; sur chacune d'elles était placé le
chiffre de saint Nicaise en bronze doré. Au centre était une pierre
ronde portant 70 c. de circonférence. Elle était posée sur une
autre pierre quadrilatérale ; les pièces de bois qui l'encadraient
formaient un carré de 1 m. 30 c.

Ce monument marquait à la fois et la place où fut massacré

15

saint Nicaise, et le point où se trouvait la porte de l'église qu'il avait fait bâtir dans la citadelle gallo-romaine.

Sur la pierre ronde placée au centre on lisait ces vers :

Forma fit exempli Nicasius hostia Christi,
A cuneo tristi mactatus ad ostia templi ;
Facta cæde gregis, pastorem plebs pia toto
Ad summi voto comitatur pascua regis.

Ce mausolée fut élevé vers 1663 par le chanoine Jean Quinart : il remplaçait un plus ancien monument sur lequel nous n'avons pas de détails. Il se trouvait près des tombeaux de l'archevêque Odalric et saint Albert.

Près de la cage Saint-Nicaise, dans les arcades du jubé sises à la droite du spectateur, s'élevait une chapelle : on l'appelait l'autel de la Rouelle ; elle est désignée dans les titres du xive siècle. Cocquault la nomme la Rouelle Saint-Nicaise ; ce nom venait sans doute de la pierre ronde, semblable à une petite roue, que renfermait la cage ; c'est à cette chapelle que les arbalétriers de Reims faisaient dire une messe funèbre pour leurs confrères décédés.

Le monument de 1663 fut rasé vers 1744 ; on lui substitua une plaque de marbre noir placée vis-à-vis la chaire à prêcher, sur laquelle on grava cette inscription :

« *Hoc in loco sanctus Nicasius Remensis archipræsul, truncato capite, martyr occubuit, anno Domini 406.* »

Les débris de la cage Saint-Nicaise allèrent décorer les fonts baptismaux.

En marchant vers le chœur on trouve à sa droite, en face de la chaire, un crucifix : il demande un successeur.

De tout temps il y eut un Christ dans la nef ; nous avons vu dans un concile tenu à Notre-Dame les souverains pontifes et les rois se placer sous le crucifix.

On n'oublia pas d'en ériger un nouveau dans la troisième église ; nos chroniques nous apprennent que, dans le xiiie siècle, le point où il se trouvait était un lieu de correction publique. Le Chapitre y fit fustiger des hommes du ban de l'archevêque qui avaient entrepris sur ses droits. L'évêque de Beauvais, pris pour arbitre, les avait condamnés à venir en chemise, la verge à la main, recevoir la flagellation au moment où la procession rentrerait dans le chœur. Ainsi fut fait.

En 1418 ce crucifix fut refait à neuf ; à ses pieds étaient les statues de la Vierge et de saint Jean le disciple bien-aimé. Ce monument avait coûté cher, des inconnus y contribuèrent pour 310 écus d'or. En 1423 les Anglais firent élever devant le groupe antique un autel où l'on disait pour eux une messe spéciale. A cette époque malheureuse, le Chapitre, maîtrisé par les Bourguignons, l'étranger et les factieux, était dans la position la plus pénible : il avait pris le parti, pour concilier le cri de sa conscience avec les exigences impérieuses du plus fort, de substituer dans ses prières le mot *reges* au mot *regem*, et laissait au Dieu qui protége la France le soin de se prononcer entre les lys et le léopard.

La chaire vient de l'église Saint-Pierre-les-Dames. Elle fut faite par Blondel, menuisier, mort à Reims en 1812. Au centre est un bas-relief représentant saint Pierre guérissant un boiteux à la porte de Jérusalem.

La chaire détruite en 1793 était fort ancienne ; elle remontait au XIIIᵉ siècle. La tradition racontait que saint Bernard l'avait occupée. Ce n'était pas un motif pour que la république la conservât : peut-être l'aurait-on épargnée si on se fût rappelé que les apôtres de la Ligue y avaient prêché le régicide et la révolte contre l'autorité royale. Feu-Ardent, Boucher, Meurier, son disciple, y firent maintes fois retentir leurs anarchiques harangues. C'est là que ce dernier prononça le discours qu'il appelait l'oraison funèbre du cardinal de Lorraine : ce n'était qu'une violence diatribe contre Henri III et la monarchie. Nous ne connaissons pas de dessin de l'antique tribune où les paroles de paix et de charité résonnèrent plus souvent que les déclamations de la haine et de la violence.

Quand la Sainte Union divisait Reims en deux camps, tous

deux catholiques, mais dévoués, l'un au roi et aux lois de l'État, l'autre à l'étranger et aux Lorrains, la nef de l'église voyait à la grande messe les royalistes se ranger d'un côté, les ligueurs de l'autre.

Le pavé actuel de la nef est formé de dalles sans nom auxquelles se mêlent quelques pierres funéraires arrachées de toutes parts en 1793, et réunies aujourd'hui au hasard. Elles ne recouvrent plus ceux dont elles portent l'effigie et les titres.

Au XVe siècle on les couvrait de sable pour les préserver aux jours des sacres. Les habitants de Béru-lès-Reims devaient le fournir.

Approchons-nous du chœur ; il a subi bien des transformations depuis le milieu du siècle dernier. Le libéral chanoine Jean Godinot fit faire à ses frais les démolitions qui en changèrent complétement l'aspect vers 1747. On détruisit un mur haut de 5 m. 20 c. qui entourait le chœur, le sanctuaire et l'arrière-chœur jusqu'à l'autel dit du Cardinal. Le Chapitre, souverain dans la cathédrale, avait fini par croire qu'elle était faite pour lui seul ; il avait pensé qu'il importait à sa dignité de se soustraire aux regards du peuple, et à sa suprématie d'interdire aux fidèles la vue du sanctuaire et des richesses qu'il renfermait. On assistait à la messe avec les yeux de la foi. Les chanoines seuls pouvaient suivre la marche de l'office. Nous approuvons cette modification : rien ne recommandait ces murailles ; elles n'étaient, pas comme celles de Notre-Dame de Paris, ou de la cathédrale de Chartres, couvertes d'antiques bas-reliefs. Nous ignorons si elles étaient peintes. Malheureusement le marteau ne s'arrêta pas sur leurs ruines.

L'entrée du chœur était fermée par un jubé d'une belle structure ; il avait 9 m. 75 c. de haut sur 4 m. 20 c. de profondeur et 12 m. 99 c. de long. A sa base et de chaque côté se trouvait un autel orné de quelques statues de pierre ; l'un était dédié à la Vierge et portait le nom de Notre-Dame-de-la-Belle-Image ; il fut aussi placé sous l'invocation de saint Paul. L'autre, consacré au Saint-Esprit, avait eu aussi pour patron sainte Marguerite. On lui donnait quelquefois le nom d'autel de la Rouelle : là se disait chaque semaine la messe fondée par Charles V, pour la prospérité de la France. Aux extrémités du jubé étaient deux escaliers qui comptaient trente degrés chacun. Ils tournaient en spirale dans des tourelles à jour, composées de dix piliers ou colonnes de pierre ; ces tourelles étaient en saillie du côté de la nef. Sept des colonnettes qui les composaient étaient vues de ce côté ; les autres étaient absorbées dans le jubé.

Sur la partie supérieure du monument étaient rangées 21 statues de pierre ; au centre s'élevait un Christ sur la croix, entre la Vierge et saint Jean l'Évangéliste. Du côté du chœur se trouvaient huit statues plus grandes que les autres. La partie inférieure du jubé ne formait pas un mur massif ; on apercevait le chœur entre les piliers de pierre qui supportaient le haut du jubé.

Ce monument avait été commencé en 1417 par Colard de Givry, maître des œuvres de la cathédrale pendant trente ans, et mort en 1452 ; il n'acheva pas son œuvre. En 1455 elle n'était pas terminée : les fonds manquaient. Le jubé, comme les murs du chœur, tomba devant l'abbé Godinot. Ce morceau d'architecture appartenait au style ogival et flamboyant. Il tenait parfois lieu de chaire ; on y parlait au peuple. Pendant l'office on y lisait l'évangile et l'épître. C'était au haut du jubé qu'aux jours de sacre s'élevait le trône royal ; c'est là qu'avait lieu la cérémonie de l'intronisation ; c'est là que la foule saluait de ses cris d'amour et d'allégresse le nouveau roi de France.

On remplaça les murs du chœur et le jubé par une grille de fer qui se démontait à volonté pour faciliter le déploiement des pompes du sacre. Elle avait été faite par un serrurier de Montpellier fixé à Reims, nommé Ramel. Ses confrères, jaloux de son mérite, ne voulurent pas le recevoir dans leur communauté. Louis XV, informé de cet indigne complot, nomma Ramel inspecteur des serruriers de Reims.

En 1760, M. de Baugenay, chanoine, fit surmonter à ses frais d'un riche couronnement la grille de l'artiste méridional. La république la traita comme on avait traité l'historique jubé. Elle fut démolie et vendue à la livre.

En 1807, une simple balustrade en menuiserie, haute de 1 m. 30 c., lui succéda. Les bancs destinés à Messieurs les marguilliers y étaient appuyés. En 1808, une grille en fer peu élevée prit sa place ; M. Ludinard de Vauxelles, président de la Fabrique, paya la dépense.

Enfin on vit s'élever la magnifique grille qui forme l'enceinte actuelle. Commencée en 1826, sur les dessins de M. Mazois, elle fut achevée en 1832 ; et exécutée par MM. Grandidier et Duverger de Reims. Les ornements qui décorent son sommet s'harmonisent assez bien avec l'architecture de l'église ; la double croix archiépiscopale et primatiale décore la grande porte ouverte sur la nef. Les dorures qui enrichissent la crête de la nouvelle enceinte ont été faites, il y a quelques années, aux frais de la ville.

Jadis au-dessus de la première marche du sanctuaire passait à une assez grande hauteur une poutre transversale ; aux jours de fête on y plaçait des reliquaires, des fleurs, de brillants coquillages, des dents d'éléphant, des cornes d'abondance d'ivoire et d'argent ciselé.

Au Carême, à la même place, on suspendait de grandes tapisseries qui séparaient le chœur du sanctuaire. Du temps de Cocquault, chanoine et historien de Reims, c'est-à-dire dans le XVIIᵉ siècle, celles qu'on employait à cet usage avaient été données par Robert de Courtenay vers 1299 et portaient ses armes.

Les stalles du chœur sont dues à l'abbé Godinot. Elles sont posées sur deux rangs assis l'un au-dessus de l'autre ; on en compte 26 sur le premier et 20 sur le second. Elles détrônèrent celles commencées en 1475 ou en 1476, sous Pierre de Laval ; cependant ces chaires vénérables étaient délicatement sculptées et décorées de nombreuses statuettes ; on y reconnaissait les apôtres, les fondateurs d'ordres religieux, les pairs de France et d'autres grands personnages des temps passés. Elles avaient été terminées vers 1490. Les chanoines qui devaient défendre les siéges de leurs devanciers, les virent tomber sans regret. Ces stalles s'appuyaient sur le mur de clôture du chœur : il était couvert de tentures. Cet usage existait déjà du temps de la seconde cathédrale. Dans le testament de Gervais, écrit en 1069, ces étoffes sont nommées *dorsulia pallia*. D'autres tapisseries leur succédèrent ; dans le siècle dernier on vit dans le chœur celles qui représentent la vie de la Vierge, l'histoire de Clovis, encore possédées par la Fabrique, et d'autres pièces plus anciennes et remontant au XIIIᵉ siècle. L'aigle qui se trouve actuellement dans le chœur est un enfant du siècle. Il date de 1829 et fut fabriqué par Choiselat.

Dans le xve siècle on assistait aux offices sans lumières ; en 1415 seulement le chœur fut éclairé à matines ; quelques chanoines et chapelains psalmodiaient de mémoire.

On voyait dans le chœur un tableau sur lequel le chancelier de l'église, dans le xiiie siècle, écrivait les fonctions dont chacun devait s'acquitter dans le cours de la semaine ; quand la chancellerie fut en 1250 réunie à l'archevêché, un vicaire général chanoine fut chargé de cette mission. Un autre ecclésiastique devait venir aux offices et pointer les chanoines dont les stalles étaient vides ; les revenus des absents étaient réduits en proportion de leur négligence.

Dans la partie septentrionale du chœur s'élevait un mausolée long de 2 m. 93 c., large de 1 m. 30 c. Des degrés placés dans la nef du nord permettaient aux fidèles d'aller visiter les chefs de saint Nicaise et de sainte Eutrope qui le sanctifiaient. Du côté du chœur ce monument était orné d'un bas-relief représentant la mort de ces deux martyrs.

Là fut un petit orgue de forme carrée : sa hauteur n'excédait guère 1 m. 62 cent. 4 millim. Sur ses panneaux étaient sculptés des instruments de musique ; il avait été fait par un artiste rémois nommé Perronart, mort sous l'empire. Il vient d'être remplacé. Le nouveau buffet est dû à M. Arveuf, architecte de la cathédrale. Il en a copié tous les détails sur ceux de l'église : nous y retrouvons les jolis feuillages du portail, l'élégante flèche du clocher à l'ange, quelques-unes de nos meilleures statuettes ; le tout est habilement combiné. D'une masse ordinairement lourde on a fait un édifice gracieux et léger ; un tableau, sans doute peint dans le style de l'école gothique, doit achever de le décorer.

Le chandelier pascal actuel date seulement de 1829 : il a été fabriqué par Choiselat, aux frais du Chapitre. La lampe gothique du chœur et les treize lustres de la nef ont été faits par Courcelles en 1845. Parmi les lampes argentées suspendues à la voûte, l'une d'elles date de 1793 : elle avait été exécutée pour l'église de Saint-Denis, près Paris; elle a servi de modèle à deux autres, dues à Braquehaye, fondeur rémois.

Le chœur, le sanctuaire étaient jadis pavés des dalles funèbres sous lesquelles étaient inhumés les archevêques de Reims.

Près du grand aigle on voyait une dalle blanche qui couvrait les restes de l'archevêque Odalric, mort en 969 ou 971; cette tombe était la plus ancienne de celles qu'on pouvait indiquer d'une manière précise. Flavianus, évêque de Reims en 537, et son successeur Manipius ou Mapinius, mort en 569, avaient reçu la sépulture dans leur église : ainsi le disait la tradition; mais elle ne pouvait indiquer le point où se trouvaient leurs restes.

Dans le milieu du chœur on déchiffrait sur une dalle noire cette brève inscription : *Regnaldus Contractus archiepiscopus.* C'était celle de l'archevêque Regnauld du Bellay, surnommé le Courbé, mort en 1095 ou 1096.

Près du jubé était inhumé l'archevêque Ebal, mort en 1033. Les mots : *Ebalus archiepiscopus* indiquaient sa place.

Non loin de lui, entre l'angle et le jubé, on lisait sur un marbre noir : *Gervasius archiepiscopus.* C'était l'épitaphe de Gervais, mort en 1067; on ne sait comment cette pierre se trouvait là. La tradition plaçait la tombe du prélat dans le sanctuaire.

Sous la porte du jubé était celle de saint Albert.

Entrons dans le sanctuaire et cherchons d'abord l'emplacement des sépultures archiépiscopales.

Devant le grand autel, sous une table de cuivre, reposait Hugues d'Arcy, mort en 1351. Au-dessus était suspendu un plat d'argent sur lequel brûlait un cierge.

Devant le grand autel encore, du côté de la chapelle du Saint-Lait, étaient inhumés, sous le même marbre noir, semé de fleurs-de-lys, Jean et Robert de Courtenay, fils de France, archevêques de Reims. Leur effigie était gravée en creux au centre de la pierre ; leur épitaphe, en lettres de cuivre, avait été incrustée dans l'encadrement. Elle était déjà usée du temps de Cocquault.

Près d'eux, à la place où l'on met le cierge pascal, était la tombe de Jean Juvénal des Ursins.

Non loin de là, mais du côté des fonts baptismaux, on lisait l'épitaphe de Henri de Braine. Au-dessus était aussi suspendu un plat où l'on mettait un cierge.

Devant les stalles des chanoines reposait Pierre Barbet, mort en 1299. Son effigie en grand costume était ciselée sur une lame de cuivre, assise dans une dalle de marbre noir.

Près des marches qui menaient du sanctuaire au chœur était enseveli le cardinal François de Mailly, mort en 1721.

Auprès de lui se trouvait, sous une dalle blanche, Henri de France. Guillaume de Champagne avait pris place à ses côtés. On croyait que sur ce point avait été inhumé Albéric de Humbert, mort en 1218. Une autre tradition plaçait sa tombe dans la nef, près du labyrinthe.

Autour du maître-autel étaient encore rangés Jean de Vienne, mort en 1351, Louis Thésart, Richard Pique, trépassés, l'un en 1375, l'autre en 1389. Le marbre funéraire du second renfermait une lame de cuivre sur laquelle on avait gravé ses traits et ses armes.

Derrière le maître-autel était le tombeau de Guillaume Giffort, mort en 1629.

Le pavé qui couvre aujourd'hui le sanctuaire fut posé en 1747 dans l'église Saint-Nicaise, sous les ordres du prieur dom Hubert, par un marbrier du Hainaut, nommé Thomas. Lorsque la vieille abbaye fut supprimée, on apporta son nouveau dallage à Notre-Dame. Il fut placé vers 1791. Il se compose de carrés de marbre de quatre couleurs.

Dans le sanctuaire s'élève le grand autel. Il a subi les conséquences de toutes les révolutions artistiques et autres qui ont promené dans la cathédrale le marteau destructeur. Enfermé d'abord dans des rideaux dont on changeait la couleur suivant les jours de fêtes, il conserva longtemps les pierreries, les cristaux taillés, les tables d'or dont l'avaient orné les prélats et les fidèles des IXe, X^e et XIe siècles. Il fut relevé avec la troisième cathédrale dans le XIIIe siècle, et reconstruit, de 1550 à 1658, par M. Poncelet-Paroissien, architecte de Reims. Le Chapitre, qui déjà avait touché à tant de choses, voulut se donner le plaisir d'y mettre la main. Ce grand autel fut détruit en 1747. Celui qui le remplace aujourd'hui, construit aux frais de l'abbé Godinot, achevé en 1784, était orné devant et derrière de tables d'or sculptées et ciselées : elles furent enlevées en 1793. Des plaques de marbre blanc leur ont succédé. Au-dessus du grand autel est suspendu un taber-

nacle [1] en forme de cloche : il renferme de saintes hosties. Cet usage remonte à 1290 : il fut introduit par l'archevêque Robert de Courtenay.

On ferait un volume si l'on voulait décrire, siècle par siècle, la décoration de cette partie de l'église. Nous avons donné sur ce point de longs détails dans nos recherches sur les trésors des églises de Reims. [2]

[1] Pixide ou custode.
[2] *Trésors des églises de Reims*, in-4°, 1843. Reims, Quentin-Dailly.

Après le sanctuaire se trouve l'arrière-chœur; une balustrade à jour les sépare; elle doit remonter aux grandes réformes du siècle dernier. Celle qui la précédait avait été faite vers 1475.

Au fond, à l'arrière-chœur, est un bel autel qui vient de Saint-Nicaise, construit en 1764 par Droppsi, toujours sous la direction du prieur dom Hubert. Il fut transporté à Notre-Dame quand l'abbaye fut supprimée : il avait coûté 6,000 liv. La croix et les flambeaux qui le décorent aujourd'hui ont été exécutés, en 1784, par Carpentier et offerts par un chanoine nommé Millet, doyen du Chapitre.

Il remplaça un magnifique autel élevé par le cardinal de Lorraine; on l'appelait pour cette raison l'autel du Cardinal. On lui donnait aussi le nom d'autel Sainte-Croix, parce qu'on y posait un magnifique crucifix qu'il avait donné. Avant la construction du XVIe siècle, il existait sur ce point un autel consacré à la Madeleine. Celui de M. de Lorraine garda longtemps le nom de la belle pénitente. Il est aujourd'hui dans le transsept méridional devant le monument de la Résurrection.

Derrière l'autel Sainte-Croix était le siége de saint Rigobert; c'est là qu'allaient s'asseoir nos archevêques lors de leur installation; c'est là que, pendant la vacance du siége de Reims, étaient déposés les insignes de l'archiépiscopat. Cet antique monument existait encore en 1790. Ce fut au pied de cette chaire vénérable que le cardinal de Lorraine avait de son vivant fait élever son tombeau, vers 1571.

Ce monument formait, avec l'autel, un carré de 5 m. 68 c.; il avait 4 m. 29 c. de haut, 3 m. 25 c. de long, et 1 m. 30 c. de large. Quatre colonnes supportaient sa voûte ornée d'armoiries.

Sur une tombe allongée et dessous cette voûte était la statue du cardinal ; auprès reposait celle de son neveu, mort à l'aurore de la vie : il se le destinait pour successeur. Sur la dalle funèbre on lisait ces mots dictés par le grand prélat : « *Ego credidi quia tu es Christus, filius Dei vivi, qui in hunc mundum venisti : expecto donec veniat immutatio mea.* » Cette pierre existe encore. Au point où se trouvait cette tombe historique, on vient de creuser un nouveau caveau destiné à recevoir les sépultures archiépiscopales : on a réuni dans un cercueil de pierre les ossements exhumés pendant les travaux.

Le mur de l'arrière-chœur avait été ouvert de ce côté. Six embrasures larges de 32 c. 5 millim., séparées par des colonnes habilement sculptées, permettaient à l'œil de plonger dans cette partie de l'église.

Le pilier situé à gauche, près du tombeau, portait, dans l'origine, le portrait du cardinal peint par un peintre, qu'il avait ramené d'Italie, connu sous le nom de M° Georges. Depuis il fut placé dans la sacristie. Le psaume XXX, indiqué sur le livre que tient le prélat, est celui qu'il affectionnait. L'original de cette peinture est aujourd'hui dans le cabinet de M. de Saint-Marceaux, ancien maire de Reims. Il en existe plusieurs copies ; l'archevêché en possède une remarquable.

L'arrière-chœur était la partie de l'église que M. de Lorraine aimait : c'était son œuvre ; c'était là qu'il avait marqué sa tombe. Souvent il y donnait la communion aux fidèles ; la fête de l'Invention de la Sainte-Croix s'y célébrait. Le jour de Pâques, les chanoines allaient en procession jeter de l'eau bénite sur la tombe du bienfaiteur de Reims.

Devant son autel et au bas des marches était inhumé l'archevêque Guillaume de Trie, mort en 1335. Sa pierre tumulaire le représentait en habits archiépiscopaux, mais tête nue. Cette circonstance ne mérite d'être relevée que parce qu'il est possible qu'il n'ait pas reçu le chapeau de cardinal, ainsi qu'on l'a prétendu. La chasuble qui l'habillait était semée de fleurs-de-lys. Son épitaphe était effacée depuis longtemps déjà dans le siècle dernier :

Aux pieds de M. de Lorraine reposait le cardinal de Pellevé, un des chefs de la Ligue. Aux pieds du maître, le serviteur. Vis-à-vis, et à gauche de l'autel Sainte-Croix, était la tombe de l'archevêque Philippe du Bec.

Sous l'autel même était la sépulture d'Adalberon, mort en 988. Une plaque d'airain gravé contenait son épitaphe.

Dans cette historique enceinte, on a recueilli les dalles tumulaires du xiv⁰ siècle, de Jean Panthouf et de Gilles de Pégorare. Cette dernière était placée dans la chapelle de Saint-Calixte, où elle recouvrait encore il y a quelques années le corps de ce chanoine. A la même époque, l'autre, toujours à sa place primitive, fermait la sépulture de Jean Panthouf, à l'entrée de la grande nef, près du chœur. Ces dalles de marbre noir, ornées de ciselures remplies de marbre blanc, sont les seules de la cathédrale que le temps a épargnées. Placées près de l'autel du Cardinal, elles ne seront plus désormais exposées aux frottements des pieds des fidèles ; elles demeureront intactes, et montreront aux générations futures ce qu'étaient autrefois les dalles funéraires dont nos temples étaient remplis.

L'histoire ne nous parle pas de ces hommes. Les inscriptions seules nous font connaître leurs noms et leurs qualités; les voici :

Cy gist noble et discret home messire Gile de Pegorare de Plaisance, iadis chanoine et soubchantre de ceste eglise, qui trespassa de ce ciecle lan 1377, le 24ᵉ iour du mois dottobre; pour Dieus pries pour lame de lui.

Hic iacet vir magne discretionis et optimi concilii dominus

Iohannes Panthouf, legum doctor, quondam canonicus huius ecclesie, ac succentor Bdiocensis, qui obiit anno domini 1367, die 4 maii. Anima eius requiescat in pace. Amen.

Qui pourrait raconter toutes les pompes dont fut témoin le grand édifice que nous venons de parcourir? Vingt-six fois [1] la cérémonie du sacre fut célébrée dans l'église du XIII° siècle; vingt-six fois la France, ses preux, ses ministres, ses princes, s'agenouillèrent sous ses nobles voûtes et appelèrent sur la patrie et sur nos rois les bénédictions du ciel.

Que de pompes funèbres vinrent, au milieu du chœur, cacher sous toutes les vanités terrestres le néant de l'espèce humaine!

Que de conciles, que de savantes assemblées y discutèrent d'utiles réformes, de sages réglements!

Là se tint, en avril 1801, sous la présidence de l'évêque constitutionnel Diot, le synode qui réorganisa le culte catholique dans nos contrées.

Devant le grand autel, nos archevêques juraient de respecter les libertés de l'Église de Reims; les évêques suffragants prêtaient là le serment que réclamait la suprématie de la métropole. En 1588, là comparaissait à cette fin le fougueux Guillaume Rose, évêque de Senlis, un des chefs de la Sainte Union.

Là furent célébrées la fête des fous et celles que la Ligue fon-

[1] Louis VIII	1223	Charles V	1364	Charles IX	1561
Louis IX	1226	Charles VI	1380	Henri III	1575
Philippe le Hardi	1271	Charles VII	1429	Louis XIII	1610
Philippe le Bel	1286	Louis XI	1461	Louis XIV	1654
Louis X	1315	Charles VIII	1484	Louis XV	1722
Philippe le Long	1317	Louis XII	1498	Louis XVI	1775
Charles le Bel	1322	François I	1515	Charles X	1825
Philippe VI	1328	Henri II	1547		
Jean le Bon	1350	François II	1559		

Au milieu de tous ces noms, on cherche en vain celui du bon Henri : la ville de Reims avait refusé de le reconnaître. Le ciel l'a punie en faisant sacrer à Chartres le meilleur des rois.

dait [1] à perpétuité. C'est une des idées ordinaires des révolutions, de croire leurs œuvres éternelles. Les cérémonies des théophilan-thropes, le culte de la Raison, les pompes républicaines eurent aussi leurs jours de triomphe. Dans la grande église, voyez-vous flotter dans la haute nef les étendards pris sur les Hollandais en 1672, les bannières des croisades, les banderoles fleurdelisées, les drapeaux tricolores, l'oriflamme victorieuse?

Regardez cette foule d'hommes graves réunis près des fonts baptismaux : c'est le Chapitre qui proteste contre les empiéte-ments des officiers archiépiscopaux. C'est le conseil de ville, c'est le peuple qui délibèrent sur les intérêts de la cité.

Interrogez les échos de la sainte basilique, ils répètent des prières pour la belle reine d'Écosse, et des imprécations contre Marie-Antoinette de France; — des supplications adressées au ciel pour la liberté du roi Jean et la défaite des Anglais, et des anathèmes contre Henri de Valois et le Béarnais.

Là, dans la nef (1557), surgit un noir échafaud : un luthé-rien y fait amende honorable. — En 1327, une grande proces-sion parcourt l'église; le sang humain l'a souillée, il faut la pu-rifier. — Dans le XIIIe siècle, qu'y font ces hommes nu-pieds et en chemise? Le chanoine semainier leur donne la discipline; c'est le prévot de l'archevêché, ce sont ses trois sergents qui ont arrêté arbitrairement un bourgeois à chanoine. — Quelle est cette pompe qui se déploie en 1350? Le roi Jean institue dans Notre-Dame l'ordre de l'Étoile. Ses fils, les princes du sang, s'inclinent à ses pieds.

[1] Les journées des barricades, — du pain, — de la levée du siège de Paris, — de l'escalade, — des farines.

Pourquoi ces étrangers dans la nef indignée ? Qui donc amène
en 1419 les Anglais, en 1591 les Espagnols, sous cette voûte qui
ne doit abriter que la France et ses rois ? En arrière, duc de
Bourgogne ! en arrière, Guise et Saint-Paul ! En avant, bannière
nationale ! en avant, gens d'armes de France ! en avant, Dunois
et Crillon, Jeanne-d'Arc et Henri de Navarre ! Petits-fils de saint
Louis, Notre-Dame de Reims vous attend.

Les murs de la chapelle des Chapelains sont ouverts ; une porte
s'y dresse ; au-dessus on écrit ces mots : « Société populaire. » —
Le club envahit l'arrière-chœur. L'autel Sainte-Croix, le tombeau
du cardinal sont renversés ; une tribune les remplace. Des bancs,
des tables, des bureaux s'établissent autour, et le temple du Seigneur n'est plus qu'un *forum*. Les autels sont dévastés. Les tombes
sont violées : les ossements de ces morts qui de leur vivant veil-
lèrent sur les pauvres, qui fondèrent des hospices, des institutions
de charité, sont dispersés sans pudeur. La reconnaissance ne
figure pas parmi les vertus révolutionnaires. La grande église
ressemble à une ville prise d'assaut. Elle est jonchée de ruines et
de débris profanés. La philosophie encyclopédique triomphe ; elle
installe les filles publiques dans la chapelle de la Vierge et conduit dans les basses nefs des mascarades impies. Les jours de
bonheur et de liberté, comme l'entend la révolution, ont enfin
lui pour la France.

Notre-Dame de Reims, que varié fut ton destin ! que d'idées,
de principes, de factions ont régné dans ton sein ! que de couleurs, de devises t'ont décorée ! Combien de fois détruite, combien
de fois ne t'es-tu pas relevée ! Les lois humaines se dévorent l'une
l'autre ; les vérités absolues seules survivent aux systèmes qui se
détrônent. Les constitutions tombent, mais la religion reste
debout ; et depuis quinze cents ans le saint édifice, la tête haute,

au milieu de toutes ces races d'hommes que l'ambition, la cupi-
dité, la haine et les préjugés font combattre à ses pieds, répète
ces paroles comprises partout et toujours :

Un seul Dieu tu adoreras.

Le crime aveugle rencontre Dieu sur l'échafaud, se prosterne
et prie. Vices et passions, quand vient la misère, pleurent et
lèvent les yeux au ciel. Philosophie vaniteuse, vainement tu luttes
contre le torrent ; il t'entraîne, toi, tes systèmes, tes doutes, et
ton dernier mot est toujours Dieu. Nuages vagabonds, arrivez de
toutes parts, voilez l'immensité, enveloppez l'espèce humaine de
vos brouillards incertains ; vous n'empêcherez pas le soleil de se
lever. Quand l'heure sera venue, ses rayons descendront sur la
terre ; rien ne les enchaînera. L'astre du jour apparaîtra tout à
l'heure, puis demain, puis après, puis encore et toujours. Dans
ce monde, erreurs et faiblesses, soit ; mais au-dessus, Dieu qui
donne courage et consolations, Dieu qui inspire toutes les grandes
pensées, Dieu qui fait les martyrs et les héros, Dieu qui mène
l'espèce humaine à la science, à la morale, à la vertu ; Dieu qui
a fait le monde et lui survivra, Dieu qui sera toujours.

Adieu, maison du Seigneur ! adieu, ma grande église ! Le temps,
qui vole, m'arrache à ton histoire. Je la quitte à regret ; ce n'est
pas celle d'un bâtiment, d'une cité, d'une province ; c'est celle
de la patrie. Pour tous ceux qui ne foulent pas aux pieds les souvenirs d'une grande nation et ne datent pas orgueilleusement la
vie d'un peuple du jour où la leur commence, Notre-Dame de
Reims est et sera toujours Notre-Dame de France.

Reliquaire dit des Antiques.   Vaisseau de Sainte Ursule.

OSTENSOIR DU XIII° SIÈCLE.

CHAPITRE VI.

APPENDICE.

Trésor de Notre-Dame de Reims.

u'y a-t-il de durable ici-bas? L'éternité du bronze chantée par le poëte n'est qu'une chimère. Les créations les plus nobles de l'homme, celles que devrait protéger l'égide de la religion disparaissent tour à tour. Comme les flots qui montent et descendent, comme l'hirondelle qui vole et fuit, elles ne laissent pas de vestiges. Leur ombre s'efface, leur souvenir s'éteint; leur nom, la date de leur existence finissent même par être ignorés. A l'humanité, à ses œuvres, s'applique sans relâche le rigoureux arrêt : « *Memento quia pulvis es, et in pulverem reverteris.* »

Le palais des rois, le trésor de l'église sont encore les lieux où ce que les arts, la mode, les mœurs enfantent, obtiennent la vie la plus longue. Et cependant, avec quelle rapidité meurt tout ce qu'on y dépose! que d'objets artistiques et précieux n'y font que passer! Le temps n'a pas besoin de les détruire : l'homme s'en charge. Le caprice commence l'œuvre d'anéantissement; les révolutions l'achèvent.

La cathédrale de Reims a vu s'amonceler dans son sein des richesses inouïes : que reste-t-il des dons des siècles reculés et primitifs? rien... des offrandes du moyen-âge? des souvenirs et quelques débris. Les monuments de notre siècle sont complets, brillants de jeunesse et de splendeur. Qui sait s'ils vivront demain?

Le trésor de la grande église était gardé par un dignitaire du Chapitre : il avait le titre de trésorier. Sous ses ordres étaient placés les coutres et les chapuciers. Sans doute, dans l'origine, les châsses et les vases sacrés suffisaient à peine pour décorer nos nombreuses chapelles. Plus tard il fallut dresser une armoire derrière le maître-autel. Dans le XVIII° siècle on en fit une autre plus vaste dans l'embrasure d'une porte donnant alors dans le cloître du Chapitre.

La piété des fidèles contribua sans cesse à décorer notre basilique : mais elle avait pour enrichir ses vestiaires et ses dressoirs deux sources spéciales. Tout évêque suffragant de Reims devait, lors de son installation, envoyer à l'église métropolitaine une chape de haut prix. Nos rois, à leurs sacres, comblaient l'église d'offrandes : ils renouvelaient ses décorations, les ornements de ses autels, ses vêtements sacrés : ils devaient chacun lui donner un reliquaire de valeur. Si le trésor de Notre-Dame de

Reims était intact, quelles études l'art et l'histoire pourraient y faire! De quel intérêt serait une collection où chaque objet aurait une date certaine, rappellerait un grand nom, un fait historique! On y verrait l'hommage rendu d'âge en âge par le génie créateur de l'homme à celui qui a tout créé. Mais ici-bas rien ne peut être perpétuel et continu : tout doit se briser et périr. L'histoire enregistre presque aux mêmes pages, et les présents faits à nos autels, et les spoliations dont ils furent victimes. Les Barbares, Charles-Martel, les Normands, la guerre civile pendant les premiers siècles du christianisme dans nos contrées, ne cessèrent d'appauvrir notre trésor. Plus tard les croisades, les Anglais, l'incendie, les réparations faites à l'église, les besoins du pays, la Ligue, lui imposèrent des sacrifices toujours renaissants. Les règnes de Louis XIV et de Louis XV ne furent pas plus heureux pour lui. Le coup fatal lui fut porté par les décrets de 1789, 1790, 1791 et 1792. Ils envoyèrent à la monnaie ou dans les fonderies nationales les ornements de nos temples. Ces antiques joyaux avaient coûté des sommes énormes : on en fit à peine des milliers de centimes. Quelques objets furent épargnés : le creuset n'avait rien à y prendre. Maudire tous ces actes de vandalisme, pleurer sur toutes ces ruines, ne nous rendrait rien. Tirons un voile sur ces dates de deuil et de misère, et comptons sur l'avenir. Après les noirs frimas ne voyons-nous pas fleurir la printanière aubépine? Après l'orage un ciel pur; après la pluie l'arc-en-ciel; après soixante ans de révolutions, Dieu nous rendra de beaux jours.

De temps à autre le Chapitre faisait faire l'inventaire de ses richesses : ces tableaux révèlent à l'historien et à l'artiste, et les pertes et les acquisitions de la cathédrale [1]. Nous allons, en peu

---

[1] Vo·r *Trésor des églises de Reims*, in-4° 1843, chez Quentin-Dailly.

de mots, essayer de faire connaître ce qui, dans son trésor actuel, mérite d'être noté :

CHAPES, CHASUBLES, TUNIQUES ANCIENNES ET MODERNES.

1° Un manteau rouge, de forme usitée dans le XIIIe siècle, orné de dessins en galons d'or de la même époque.

2° Une chasuble de drap d'argent damassée avec orfroi d'or : elle passe pour avoir servi au sacre de Louis XIII.

3° Une chasuble, deux tuniques, quatre chapes ornées de broderies à l'aiguille, en soie, et rehaussées d'or, datées du sacre de Louis XIV.

4° La chasuble dite de Le Tellier, pesant dix-huit kilogrammes, faite de drap d'or frisé, ornée de fleurs et de guirlandes en fil d'or d'une grande épaisseur. Au dos on a brodé à l'aiguille un tableau représentant saint Rémi recevant la Sainte Ampoule.

5° Une chasuble du XVIIe siècle, ornée de quatre médaillons brodés : l'un d'eux représente le baptême de Clovis.

6° Deux tuniques ornées d'un orfroi d'or, remontant au XVIIIe siècle.

7° Une chasuble du sacre de Louis XVI, en drap d'argent damassé, enrichie de huit grosses perles fines.

8° La chasuble de monseigneur de Coucy, archevêque de Reims : on pense que ce prélat y travailla lui-même pendant l'émigration.

9° Les trois ornements complets donnés par Charles X lors de son sacre.

DAIS.

Notre-Dame possède deux dais dont l'origine est historique. L'un d'eux, en velours cramoisi, est orné de broderies d'argent : elles viennent de la housse faite pour le cheval du grand prieur de Saint-Remi quand il apporta à la cathédrale la Sainte Ampoule pour le sacre de Louis XVI.

Le second dais, fait en drap d'or semé de fleurs-de-lys et de chiffres en pierreries, a été donné par Charles X lors de son sacre.

RELIQUAIRES ET ORNEMENTS D'OR, D'ARGENT, ETC.

1° Reliquaire de Samson : on suppose qu'il fut donné dans le XIIe siècle par Samson, archevêque de Reims. Dépouillé d'une partie de ses pierres précieuses, il est toujours remarquable par sa forme élégante, ses ciselures délicates et ses émaux.

2° Une petite croix byzantine, couverte de filigranes d'or, haute de 39 centim. Elle vient de l'abbaye de Saint-Jean-des-Vignes, à Soissons.

3° Un ostensoir du XIIIe siècle ayant la forme d'un clocher de style ogival. Il vient de la commune de Moiry (Ardennes).

4° Un ostensoir en forme de croix ayant la même origine.

5° Un fragment du bâton de saint Gibrien : ce religieux vécut dans le ve siècle de l'ère chrétienne. Le bâton qu'on donne pour le sien paraît remonter à une époque moins reculée. Deux autres fragments de ce bâton sont à Reims dans le cabinet de M. Eugène Clicquot.

6° Le reliquaire des antiques : il doit son nom aux seize pierres gravées qui décoraient jadis son pied; il n'en reste plus que six.

7° Le reliquaire de saint Pierre et de saint Paul; il date du XIVe siècle.

8° Reliquaire de saint Sixte et de saint Sinice; il doit son nom aux reliques qu'il renferme; il a la forme d'une rose; il est enrichi de quelques pierreries.

9° Le reliquaire du Saint-Sépulcre, donné par Henri II, le 26 juillet 1547, jour de son sacre; il représente la Résurrection; il coûta 1,500 écus; il est illustré de chiffres émaillés où l'on reconnaît des croissants, les lettres H, C, et même, si l'on veut, la lettre D.

10° Le vaisseau de sainte Ursule; il fut donné, le 5 février 1575, par Henri III, le jour de son sacre; il représente le départ de sainte Ursule et de ses compagnes. On y remarquera l'écusson du roi écartelé de France et de Pologne.

11° Le reliquaire de la Sainte-Épine. Ce vase de cristal, revêtu de perles et de rubis, vient de l'abbaye de Saint-Pierre-les-Dames, de Reims; il renferme un ange en émail qui tient une des épines détachées de la sainte couronne conservée à la Sainte-Chapelle de Paris; il fut donné de 1547 à 1574.

RELIQUAIRE DE LA SAINTE-AMPOULE.

12° La croix de M. de Lorraine. Cette croix appartint à Charles de Lorraine, cardinal archevêque de Reims. Ses garnitures sont en or.

13° Une vierge en cuivre doré, fragment d'un reliquaire du XVII° siècle.

14° Burettes et leur plateau, du XVII° siècle, en vermeil et sculptés avec soin.

15° Deux calices du XVII° siècle; leurs pieds sont ornés de bas-reliefs ciselés avec art.

16° Un ostensoir en vermeil donné par M. Ruinart de Brimont, ancien maire de Reims.

DONS DE CHARLES X.

1° Reliquaire de la Sainte Ampoule. Ce précieux coffret remplace l'ancien reliquaire de la Sainte Ampoule brisée à Reims par le conventionnel Rhul, sur les marches de la statue de Louis XV. L'antique fiole était placée entre les pattes d'une colombe d'argent renfermée dans un cadre rond ou ovale. Une chaîne d'argent servait à suspendre ce précieux reliquaire au col du grand prieur de Saint-Remi, quand il la tirait de son église, où on la conservait, pour l'apporter à la cathédrale lorsqu'il y avait un sacre. Saint-Remi, à la révolution, devint une paroisse; son curé, prévenu de l'acte de vandalisme projeté, eut le temps de retirer une partie de l'huile miraculeuse. Quelques personnes purent aussi sauver des parcelles de la fiole et de son contenu. Ces débris furent réunis; on les conserve dans le nouveau reliquaire.

Il a coûté 22,300 francs. A son sommet est un coffret. Sa partie supérieure est garnie d'une lame de cristal qui permet de voir la nouvelle ampoule et les débris de l'ancienne. Sa partie inférieure se ferme à l'aide de trois serrures. Le pied est orné de riches et délicats bas-reliefs. On y voit le baptême de Clovis, les armes de Reims, celles de son chapitre, les insignes de la papauté, les portraits de Clovis, de saint Louis et de Louis XVI, les armes de France soutenues par un chevalier et la Pucelle d'Orléans, le portrait de Charles VII, le sacre de Louis XVI et le portrait de Louis XVIII, enfin ceux de quarante rois de France. Ce reliquaire est enrichi d'émeraudes; sur la lame de cristal du coffret se pose un couvercle surmonté de la colombe, la divine messagère qui apporta à saint Remi la première Sainte Ampoule. Quelques médaillons non remplis sont réservés pour recevoir le portrait des rois qui se feront sacrer à Reims.

Ce beau reliquaire compte 35 c. de haut sur 45 de large; il a été fabriqué par Cahier, orfèvre à Paris.

2° Les offrandes : un vase haut de 63 c. pour le vin, un plat et deux pains creux, l'un en argent, l'autre en or.

3° Trois canons d'autel écrits à la main sur peau de vélin, et entourés de charmantes peintures, enfermés dans des cadres de vermeil ciselé.

4° Une croix archiépiscopale ornée d'un Christ d'une grande perfection.

5° Un bénitier, son goupillon, deux encensoirs décorés des armes de France.

6° Des instruments de paix en vermeil.

7° Deux volumes contenant les épîtres et les évangiles revêtus de velours violet avec garniture en or.

8° La croix du diacre en vermeil, une spatule décorée du chiffre de Charles X, un calice en vermeil, des burettes, un plat, une sonnette.

9° La chapelle de M. de Latil, archevêque de Reims, en 1825, comprenant un calice, des burettes, un plat, une sonnette, une aiguière et son bassin, un bougeoir, quatre plateaux, trois vases aux saintes huiles et leur plat, une boîte aux pains d'autel, deux agrafes de chape, des ciseaux.

La Fabrique de la cathédrale a racheté ces objets lors du décès du prélat consécrateur.

TABLEAUX.

Parmi les vingt-trois tableaux que possède la cathédrale, nous citerons :

La *Madeleine aux pieds de Jésus.* Cette toile, que la tradition attribue au Titien, est un don du cardinal Charles de Lorraine.

La *Naissance de Jésus-Christ.* Ce tableau, dû encore à la munificence du même prélat, est du Tintoret.

Le *Lavement des pieds*, par Jérôme Mutiano. Les tableaux de ce maître sont très-rares; celui-ci est authentique. C'est encore le cardinal de Lorraine qui l'a donné. Cette toile a été plusieurs fois gravée; copiée par Vanloo, elle a été reproduite par la manufacture des Gobelins.

Le *Christ aux anges*, par Thaddée Zuccharo. C'est encore M. de Lorraine qui l'apporta dans nos murs. Le régent en offrit 40,000 livres.

La *Manne dans le désert*, par N. Poussin.

La *Samaritaine*, par Otto Venius.

Le *Baptême de Clovis*, par Abel de Pujol. Ce tableau a été donné en 1825 par Charles X.

Enfin le *Calvaire*, par Dauphin. Donné en 1851.

TAPISSERIES.

Robert de Lenoncourt, archevêque de Reims, donna vers 1530 à la cathédrale quatorze tapisseries; elles portent ses armes et reproduisent les actes principaux de la vie de la Vierge. Au bas sont des vers français indiquant le sujet qui les surmonte. Voici le résumé de ces curieux et antiques tableaux : I. *Joachim et Anne vont porter une offrande au temple de Salomon.* — II. *Un ange leur annonce qu'ils auront un enfant.* — III. *Généalogie de Marie.* — IV. *Naissance de Marie.* — V. *Éducation de Marie.* — VI. *Son mariage.* — VII. *L'Anonciation.* — VIII. *La Naissance du Sauveur.* — IX. *Les trois Marie.* — X. *Adoration des Mages.* — XI. *Jésus présenté au temple.* — XII. *La Fuite en Égypte.* — XIII. *La mort de la Vierge.* — XIV. *L'Assomption.*

Le cardinal de Lorraine, en 1570, donna à la cathédrale six

tapisseries historiques ; il n'en existe plus que deux entières : La première représente le *Couronnement de Clovis*. — *La Bataille qu'il livre à Syagrius*. — *La prise de Soissons*. — *L'Arrivée de Regnacaire, roi de Cambrai*. — La seconde renferme la *Bataille de Tolbiac*. — *L'Arrivée de Clovis à Reims*. — *Son Baptême*. Sur quelques fragments des quatre autres tapisseries on reconnaît l'*Alliance de Clovis et de Gondebaud*, la *Guerre contre Alaric, roi des Wisigoths*, et enfin la *Fondation de l'église Sainte-Geneviève à Paris*.

Le 8 septembre 1640, Henri de Lorraine, archevêque de Reims, offrit à la cathédrale une suite de tapisseries fabriquées à Reims par Daniel Pepersack, artiste de Charleville; il n'en reste plus que dix-huit. Elles représentent la vie de la Vierge et celle du Sauveur.

On doit remarquer aussi quatre tapisseries dites *des Cantiques*. Les allégories qui s'y remarquent font allusion à la jeunesse de Louis XIV.

Sur quatre autres tapisseries à fleurs-de-lys, on voit l'*Assomption*, la *Vierge et l'enfant Jésus*, *saint Nicaise et saint Remi recevant la Sainte Ampoule*. Elles ont été vendues au Chapitre en 1625 par un tapissier d'Aubusson, nommé Lombard.

Charles X fit don à la cathédrale d'un vaste tapis des Gobelins : sa bordure est une riche guirlande de fleurs et de fruits; il sert à décorer le pied du maître-autel dans les grandes solennités.

Enfin, le 29 novembre 1848, le gouvernement républicain, qui cette fois n'a rien pris à la cathédrale, lui a donné, à la requête de monseigneur le cardinal Gousset, deux belles tapisseries exécutées aussi à la manufacture des Gobelins, d'après les compositions de Raphaël ; elles représentent *saint Paul et saint Barnabé à Lystre*, et *saint Paul devant l'aréopage d'Athènes.*

Tel est le résumé rapide des richesses actuelles de Notre-Dame. Le souvenir d'un passé plus brillant excitera sans cesse des regrets : mais le présent, tel que l'ont fait les révolutions et les événements de la politique moderne, mérite encore le nom de trésor. Si jamais il était permis à la France de voir briller sur elle des jours de paix et de concorde, l'étoile des beaux-arts resplendirait bientôt de son plus vif éclat : comme par le passé leurs hommages reviendraient au Créateur du monde, à celui qui distingua l'homme de la brute, le fit à son image, lui donna l'âme et le génie.

CHEMINÉE DE LA GRANDE SALLE DE L'ARCHEVÊCHÉ.

CHAPITRE VII.

Archevêché. — Sa chapelle.

LES archevêques de Reims n'ont pas toujours
habité sur les lieux où s'élève aujourd'hui
leur palais. Il fut d'abord dans le haut de
la ville, près de la petite église dédiée à
saint Sixte, ensuite près de la basilique de
Saint-Symphorien ; il fit partie du cloître
destiné aux chanoines, qui s'étendait autour
de la cathédrale bâtie par saint Nicaise ; il
dut, comme elle, plusieurs fois être réédifié
complétement. On n'a pas de détails sur cet
ancien édifice et ses premières constructions.
Dans son enceinte, saint Remi reçut Clovis.
Là vint mourir le roi de France, Louis d'Outremer.

L'archevêque Gervais (1055-1074) avait fait placer sur le
sommet de la porte d'honneur un cerf en bronze qui ne périt

que dans le xvii° siècle. Ce palais, comme toutes les résidences du moyen-âge, était fortifié; ses dernières tours tombèrent sous le règne de Louis XIV. On appelait l'une d'elles la tour d'Eon; elle devait son nom à celui d'un pauvre fou qui se donna pour le Messie vers 1148, et qui y fut enfermé jusqu'à la fin de sa vie : il se nommait Eon de l'Etoile.

Le palais archiépiscopal fut rebâti presque entièrement en 1500 par l'archevêque Guillaume Briçonnet. Les travaux furent achevés vers 1507, sous son successeur Robert de Lénoncourt.

Maurice Le Tellier, en arrivant en 1671 au siège de Reims, condamna le bâtiment de la renaissance, et fit élever le palais que nous voyons aujourd'hui. En 1793, il devint propriété nationale. On y mit successivement les tribunaux civil et de commerce, la bourse de Reims, la gendarmerie, les écoles d'enseignement mutuel. Le sacre de Charles X amena la restauration du vieux palais; il fut enfin rendu à sa première destination. Mais qu'il lui reste peu de monuments de son ancienne histoire !

Pour y pénétrer on traverse deux cours. Au-dessus de la porte ouvrant sur la seconde se trouvait le cerf dont nous avons déjà parlé.

Après avoir gravi les marches d'un péristyle on arrive dans la grande salle du palais; elle a été remise dans son état actuel au sacre de Charles X. On y donna, suivant l'usage, le festin royal. Cette vaste galerie fait partie du palais bâti par Guillaume Briçonnet et Robert de Lénoncourt; on la nommait alors la salle du Tau; elle devait son nom à la forme qu'elle avait alors. La galerie actuelle tombait perpendiculairement au centre d'une autre galerie qui ne faisait qu'une avec elle; ensemble elles avaient la forme d'un T. La cheminée qui se trouve à gauche en entrant date aussi du XVIᵉ siècle; elle a subi de nombreuses réparations. Elle porte encore les armes de Briçonnet.

Derrière, du côté du jardin, sont les appartements royaux décorés aussi en 1825. Ceux réservés aux archevêques de Reims donnent sur la cour; ils sont parallèles à la grande église.

Sous le palais sont de vastes salles. Elles servaient de communs à l'ancien palais. Elles viennent d'être converties en revestiaire, en sacristie. Elles communiquent par d'élégants escaliers avec la cathédrale et l'archevêché. En creusant des fossés pour les protéger contre l'humidité, on trouva la mosaïque venant du palais de saint Remi et déposée dans la cathédrale au milieu des dalles de la chapelle Saint-Jean.

La partie la plus intéressante du palais archiépiscopal est certainement sa chapelle. Elle date du XIIIᵉ siècle. Jadis une flèche élégante indiquait au loin la place qu'elle occupait. De nos jours elle se cache à l'ombre de la grande église. Dévastée en 1793, elle finit par servir de prison; elle fut divisée en étages, en cellules, en cachot. Vers 1825, elle fut rendue, avec le palais, à à l'archevêché de Reims; on commença même sa restauration intérieure. La révolution de 1830 vint interrompre les travaux; depuis, ils n'ont jamais été repris de suite et sérieusement. Sous la chapelle qui paraît de niveau avec la salle des festins, existe une crypte où l'on vient de rétablir un autel derrière lequel on a réuni quelques fragments de mosaïque ancienne. C'est dans cette enceinte mystérieuse que saint Remi catéchisa Clovis. Elle était alors placée sous l'invocation de saint Pierre. C'est donc au milieu de ces murs que la morale de l'Évangile ceignit la couronne et monta sur le trône. Cette pauvre chapelle, aux murs

nus et glacés, est le premier monument de notre vieille cité.
Dans Reims, pas une pierre qui n'ait son histoire : et celle de
l'humble crypte n'est pas la moins grande.

FIN.

TABLE

POUR LE CLASSEMENT DES GRAVURES [1]

EXPLICATION DES GRAVURES SUR BOIS.

1° COMPOSITION DE LA TÊTE DE PAGE DU PREMIER CHAPITRE.
Première partie à gauche. — 1° Cheminée prise à la porte de
droite du grand portail. — 2° Siége tiré d'un des bas-reliefs du
tympan du portail nord. (Entrée de l'église.) — 3° Coffre à fer-
rures, à la porte de droite du grand portail. — 4° Grille fermant

[1] Les dessins qui illustrent cet ouvrage sont dus au crayon de M. A. Reimbeau,
Rémois. Ils ont été gravés par M. A. Varin, dont l'aïeul paternel est compté parmi
les artistes distingués de notre province.

l'ancien cartulaire dans l'intérieur de l'église, près de l'horloge.
— 5° Viole tenue par une des statues de la cinquième rangée de
droite à la voussure de l'arcade du milieu du grand portail.
Deuxième partie à droite de la colonne. — 1° Petite armoire
renfermant une statue de saint à la voussure du portail nord.
(Beau Dieu.) — 2° Stalle à la porte de droite du grand portail.
— 3° Cuve baptismale tirée du bas-relief du baptême de Clovis.
Tympan du portail nord. (Entrée de l'église.) — 4° Autel du
XIII° siècle et son baldaquin, composé d'après plusieurs sculptures et bas-reliefs des deux portails, principalement du portail
nord. (Entrée de l'église.) — 5° Autel surmonté d'une statue de
la Vierge et de l'enfant Jésus, pris au bas-relief qui sert de sou-
bassement à la statue du beau Dieu du portail nord. — 6° Le
couronnement festonné en ogive, qui surmonte le tout, provient
du portail nord. Il est à la troisième rangée de statues du tympan de la porte d'entrée de l'église . . . . . . page 1

TABLE DES CHAPITRES

ET DE LEUR CONTENU.

—

TABLE DES MATIÈRES

PAR ORDRE ALPHABÉTIQUE.

www.ingramcontent.com/pod-product-compliance
Lightning Source LLC
Chambersburg PA
CBHW070417090426
42733CB00009B/1706